INHALT

EINFÜHRUNG

„Gute Nachricht“ – so kann man den aus dem Griechischen stammenden Begriff „Evangelium“ übersetzen. Tatsächlich hat das Wort in biblischer Zeit immer wieder Menschen als „Nachricht“ erreicht, als Neuigkeit, die Jubel auslöste oder auch Entsetzen, Trost gab oder zum neuen Aufbruch antrieb.
Was ist davon geblieben?
Die immer gleichen Bibeltexte ziehen an uns vorüber: als Perikope im Gottesdienst, als vorgegebener Schriftabschnitt in der täglichen Lesung, als Stoff im Religionsunterricht. Dadurch kommt es zu einem fatalen Gewöhnungseffekt; „overfamiliar“ nennt man im Englischen ein Verhältnis, in dem übergroße Vertrautheit eine wirkliche Begegnung nicht mehr aufkommen läßt. Das allzu Bekannte erkennen wir nicht mehr. Aber nicht nur Gewöhnung ist die Gefahr, sondern auch, daß wir die biblische Botschaft nach unseren Bedürfnissen zurechtmachen. Aus dem Feuer des Wortes wird nur allzu leicht die Warmhalteplatte bürgerlich-religiöser Behaglichkeit.
Wir müssen die Vertrautheit aufheben, damit die Bibel wieder fragwürdig wird. Eine wichtige Methode ist die Verfremdung. Die Bände „Biblische Texte verfremdet“ bieten dafür viele Beispiele und Anregungen.

Drei Schritte zum Verstehen

Wer sich mit Verfremdung beschäftigt, sieht sich mit Texten oder Bildern konfrontiert, die Aufmerksamkeit erregen und zur Auseinandersetzung provozieren wollen. Um genauer zu klären, was bei dieser Auseinandersetzung geschieht, wollen wir den Verstehensprozeß schrittweise darstellen, auch wenn er beim praktischen Umgang mit Verfremdung sicher oft ganz anders verläuft.
Wir setzen nicht bei der fertigen Verfremdung ein; diese gewinnt ja ihr eigenes Profil erst durch die Spannung zum Bibeltext, mit dem sie kritisch umgeht. Darum fragen wir in einem *1. Schritt* nach der

ursprünglichen Botschaft der biblischen Überlieferung, die den Verfremdungen des Bandes zugrundeliegt. Sodann prüfen wir in einem *2. Schritt,* welche Barrieren, Mißverständnisse, Gewohnheiten sich heute zwischen uns und die biblischen Texte geschoben haben. Können wir die überkommene Botschaft noch aufnehmen?

Schließlich untersuchen wir, mit welchen Absichten und Methoden sich heute Schriftsteller und Künstler verfremdend mit diesen Texten auseinandersetzen *(3. Schritt).* Das werden wir an Beispielen aus diesem Band erläutern. (Eine ausführliche Darstellung der Grundsätze und Verfahren bietet Band 1 dieser Reihe an. Er enthält außerdem Vorschläge und Modelle zum Einsatz von Bibelverfremdungen in Religionsunterricht und Gemeindearbeit sowie Anleitungen zu eigenen Verfremdungsversuchen. Die Einleitungen zu den einzelnen Bänden können nur eine knappe Zusammenfassung anbieten; diese verwenden bei den Ausführungen über die Bedeutung der Verfremdung teilweise den gleichen Text.)

Vorab gehen wir noch kurz auf die Frage ein: Wie kommt eigentlich eine Verfremdung zustande? Wir können dabei grundsätzlich zwei Wege unterscheiden: Einmal entstehen Texte im geplanten Gegenüber zu einer bestimmten Bibelstelle oder einem größeren Überlieferungszusammenhang; als Beispiele aus diesem Band können wir 4.11; 4.13; 4.21; 4.29; 4.30–4.32; 4.37; 4.38 und andere notieren. Der andere Weg ist, daß im nachhinein zur biblischen Vorlage passende Texte und Bilder gesucht werden, die die Quelle erweitern, vertiefen, ihr widersprechen usw. Hier wäre als ein Beispiel die Textgruppe 4.1 bis 4.9 zu nennen. In diesen Band sind auch Texte und Bilder aufgenommen worden, die sich keinem bestimmten biblischen Zusammenhang zuordnen lassen und die dennoch Wichtiges zum Thema des Bandes und zum besseren Verständnis der neutestamentlichen Überlieferung von Jesus beitragen; Beispiele: 4.49; 4.50; 4.52. – Kriterium ist in beiden Fällen nicht, ob eine Verfremdung das biblische Gegenstück textgetreu wiedergibt, sondern ob deren Stoßrichtung aufgenommen wurde; das kann im Einzelfall durchaus bedeuten, daß der neue Text der biblischen Quelle radikal widerspricht – dann nämlich, wenn deren Aussage durch Abnutzung so selbstverständlich geworden ist, daß sie uns nicht mehr als Botschaft erreicht.

1. Schritt: Die Botschaft der biblischen Texte

Fast das ganze Neue Testament sucht Antworten auf die Frage: Wer ist Jesus? Auskunft dürfen wir nicht zuletzt aus den vielen Texten der Evangelien erwarten, die von Begegnungen mit dem Mann aus Nazaret erzählen: Berufungen – Heilungen – Vergebungen – Erwekkungen. In diesem Band verzichten wir aber weitgehend auf diese Erzählungen und konzentrieren uns auf solche Bibeltexte, die eher programmatisch auf die Person und das Verständnis Jesu eingehen – allen voran natürlich das berühmte „Petrusbekenntnis" (Mk 8,27–30). Der Grund für diese Auswahl ist, daß auch in der heutigen Auseinandersetzung mit Jesus häufig solche biblischen Aussagen herangezogen werden, daß diese besonders verbraucht sind und gerade darum der erneuernden Kraft der Verfremdung bedürfen.

„Jesus: der Mann, der alle Schemen sprengt" überschreibt Eduard Schweizer ein Kapitel seines bekannten Jesus-Buchs (GTB Siebenstern 126). In der Tat sind die verschiedensten „Schemata" an ihn herangetragen worden – Erwartungen, Hoffnungen, Ansprüche . . ., und er hat sie alle gesprengt. Auch wenn wir kaum einmal mit Sicherheit behaupten können, daß ein Text eine bestimmte geschichtliche Situation dokumentiert, dürfen wir davon ausgehen, daß sich hier Erfahrungen niederschlugen, die Menschen mit dem Mann aus Nazaret gemacht haben. Unsicherheit und Ratlosigkeit, die sein nicht berechenbares Auftreten und Verhalten oft auslösten, spiegeln sich nicht zuletzt in der Vielfalt der Bezeichnungen, die man ihm gab: Von „Zecher" bis zu „Gottes Sohn" reicht die Skala (vgl. 4.2). – Die „Schemata", die an ihn herangetragen wurden, stammen aus der vielschichtigen Glaubens- und Hoffnungswelt des zeitgenössischen Judentums. Ihnen allen ist gemeinsam, daß sie den machterfüllten Messias-König erwarten, den „Menschensohn" als kosmischen Weltenrichter, den endzeitlichen Heilbringer. Wie Jesus diese Erwartungen durchkreuzte, deuten einige Beispiele an:

– Johannes berichtet am Schluß der Erzählung von der wunderbaren Speisung: „Als nun die Leute das Zeichen sahen, das er tat, sagten sie: Dies ist in Wahrheit der Prophet, der in die Welt kommen soll. Als nun Jesus merkte, daß sie kommen und ihn gewaltsam wegführen wollten, um ihn zum König zu machen, zog er sich wiederum auf den Berg zurück, er allein" (Joh 6,14f.).

– Die Vorstellung des machtvollen Menschensohn-Weltenrichters rückt er so zurecht: „Der Menschensohn ist nicht gekommen, damit ihm gedient werde, sondern damit er diene und sein Leben gebe als Lösegeld für viele“ (Mk 10,45).
– Oder: Als Skeptiker von ihm ein Wunder fordern, das ihn als den von Gott Gesandten ausweist, bekommen sie zur Antwort: „Ein böses und abtrünniges Geschlecht begehrt ein Zeichen; und ein Zeichen wird ihnen nicht gegeben werden als nur das Zeichen des Propheten Jona“ (Mt 12,39). – Auch hier wird die Richtung ganz klar, in die Jesus die Hoffnung korrigiert: Der Weg des Dienens und Leidens liegt vor ihm, wie die Anspielung auf Jona anzeigt: Wie Jona wird er sterben und nach drei Tagen leben. Dabei trat er keineswegs ohne Anspruch auf: „Er lehrte mit Vollmacht“ heißt es von ihm – eine bezwingende Kraft muß von seinem Reden und Tun ausgegangen sein; sein ganzes Auftreten war voller Hinweise auf die jetzt anbrechende Heilszeit, auf die Israel hoffte; einige Male hat er es selbst so gedeutet. Am klarsten wohl in seiner Antwort auf die Frage des Täufers (Mt 11,2–6): „Bist du es, der da kommen soll, oder sollen wir auf einen anderen warten?“ (4.24 bis 4.26; vgl. Band 2: 2.50; 2.51). Das Zitat aus Jes 35 in der Antwort Jesu macht dem, „der Ohren zum Hören hat“, unmißverständlich klar: Hier kommt Gott selbst, um sein Volk zu befreien und zu erlösen.
Aber er kommt nicht mit der Gewalt des tyrannischen Herrschers, sondern als Freund, ja als Diener; er fordert nicht sklavische Unterwerfung, sondern wirbt um Liebe und Nachfolge. Sein Hoheitszeichen ist das Kreuz, nicht der Thron; seine Bilder sind das Weizenkorn (Joh 12,23–26: 4.33–5.36) und das Opferlamm (Jes 53: 4.37–4.41; vgl. auch den Text „Mehr oder minder Wappentiere“: 4.15). Aber er muß sich auch mit der Versuchung auseinandersetzen, eben doch durch die demonstrierte Macht zu überwältigen (Mt 4,1–11: 4.20–4.23).
Wer sich den Wünschen, Ansprüchen und Sehnsüchten, die an ihn herangetragen werden, so konsequent entzieht, löst Ängste und Aggressionen aus.
So einer wird schließlich abgewiesen und ausgeschlossen (Mt 8,20: 4.12–4.19), sein Weg führt am Ende ans Kreuz. Und erst im scheinbaren Scheitern offenbart sich: „Dieser Mensch war in Wahrheit Gottes Sohn“ (Mk 15,39: 5.42 bis 5.44).

2. Schritt: Wie nehmen wir heute die biblische Überlieferung wahr?

Die Gestalt Jesu ist vielen undeutlich geworden: Die altvertrauten Vorstellungen und Formeln haben sich abgenutzt und stimmen nicht mehr – Neues ist noch nicht überzeugend sichtbar. Diese Beobachtungen müssen wir etwas genauer klären:

a. Die Abnutzung der Gestalt Jesu hängt wohl in erster Linie mit der Übersättigung zusammen. Immer wieder hören wir von Jesus – immer die gleichen Geschichten – da ist es kein Wunder, wenn eigentlich niemand mehr imstande ist, sie als das zu hören, was sie einmal waren: gute, überraschend befreiende Nachricht.

b. Eine spezielle Problematik lösen wohl die traditionellen Lehr-Formeln zur Person und Bedeutung Jesu aus: Er ist der Sohn Gottes, der Erlöser... Diese Formulierungen sprechen nur noch wenige an. Das hängt wohl in erster Linie damit zusammen, daß die tägliche Berieselung mit hohlen, aber folgenlosen Phrasen, der wir ausgesetzt sind, uns allergisch und mißtrauisch gegen die großen Worte gemacht hat. Diese Erosion hat auch die religiösen Begriffe nicht ausgenommen. Bei der Gestalt Jesu kommt noch hinzu, daß das überkommene Verständnis des Erlösers von allen Sünden nur noch geringes Echo findet, weil unser Selbstverständnis kaum vom Bewußtsein des Sünderseins, der Erfahrung von Schuld geprägt ist.

c. Die Folgen dieser Entwicklung sind offenkundig: Einerseits verwischt das Jesusbild zu einem Schemen mit undeutlichen Konturen, das gleichzeitig aber allen möglichen Deutungen offensteht, sich mit unseren eigenen Wünschen, Hoffnungen, Ängsten verbindet. „Jesus ist die größte Projektionswand der Weltgeschichte", hat Hanna Wolff einmal treffend notiert (Jesus der Mann, 71): Die einen sehen in ihm den Revolutionär, die anderen den Dulder – die einen den überirdischen Gottessohn, die anderen den guten Menschen aus Nazaret – die einen den Erlöser, die anderen das unerreichbare Vorbild ... Damit aber geht jede Möglichkeit der Orientierung verloren, da ist niemand mehr, an den man sich halten kann und mag.

Die einfache Wiederholung biblischer Texte oder kirchlicher Formeln wird nicht weiterhelfen; was vielleicht einmal in biblischer Zeit Ausdruck spontaner Zuneigung zu Christus gewesen sein mag oder auch Kenn-Wort einer unbedingten Lebensorientierung, ist heute

unter einer dicken Schicht von lauer Gewöhnung, dogmatischem Streit, kirchlicher Erstarrung und theologischer Spitzfindigkeit verschüttet.
Wir werden Geduld, Phantasie, wohl auch Unverschämtheit gegenüber frommen Gewohnheiten brauchen, wenn wir eine erneute Annäherung an die biblischen Texte versuchen wollen.

3. Schritt: Wie gehen Verfremdungen auf diese Situation ein?

Neue Sprachformen heben die übergroße Vertrautheit auf

Zunächst einmal geht es in den Verfremdungen darum, die eingespielten Wahrnehmungsgewohnheiten des heutigen Lesers oder Hörers zu stören, dafür zu sorgen, daß das allzu Bekannte in neuem Licht erscheint. Dabei stützen sie sich auf die Verfremdungstheorie von Bertolt Brecht, die dieser im Blick auf die Erneuerung des Theaters entwickelte („V-Effekt"). Brecht beschreibt den geplanten Vorgang so: „Der V-Effekt besteht darin, daß das Ding, ... auf welches das Augenmerk gerichtet werden soll, aus einem gewöhnlichen, bekannten ... Ding zu einem besonderen, auffälligen, unerwarteten Ding gemacht wird (Schriften zum Theater, Werkausgabe, Frankfurt 1967, S. 355). Wie kann diese Wirkung erzielt werden?
Vor allem durch Aufbrechen der bisherigen Sprachformen. Wenn etwa eine biblische Erzählung auf wenige Zeilen verdichtet wird (z. B. 4.23) oder sogar eine grundlegende Erfahrung mit Jesus blitzlichtartig in einem Satz aufscheint (z. B. 4.17), dann ist die Aufmerksamkeit des Lesers gleich geweckt. – Eine besonders intensive Verdichtung erkennen wir in dem Gedicht „Ecce Homo" von Hilde Domin (4.44): Die angenagelten Arme des Gekreuzigten werden ihr zum Grund-Symbol grenzenloser Liebe und Hingabe im Leben und Sterben Jesu. Im Licht dieses Symbols wird die „Einarmigkeit" des Menschen sichtbar, seine Unfähigkeit zu lieben. In der Hoffnung auf den Gekreuzigten läge die Chance auf Heilung; aber auch dazu sind wir aus eigener Kraft nicht imstande. („Weniger als die Hoffnung auf ihn – das ist der Mensch".) Eine solche Verdichtung erfordert geduldiges Einhören auf den Text, kann aber einen sehr produktiven Denkprozeß auslösen.
Oder: Eine meditative Paraphrase entfaltet einen kurzen Bibeltext in eine ausgreifende Meditation und lädt zum Mit-Denken ein (z. B. 4.13). Ein intensiverer Erfahrungsbezug kommt immer dann ins

Spiel, wenn ein Verfremdungstext eine kurze biblische Notiz zu einem Erzähltext umgestaltet; Beispiele: 4.19; 4.43. Auch die Umformung biblischer Quellen in satirische Texte läßt stutzen, hebt Gewöhnung auf, verlockt zu neuem Hören. 4.1 und 4.8 nehmen die begriffsstarrenden Formeln theologischer Sprache aufs Korn, mit der wir uns des Herrn versichern wollen; ein Kabarett-Text entlarvt die Versuche, Jesus für unsere oft höchst irdischen Interessen in Anspruch zu nehmen (4.7).

Kunst eröffnet neue Zugänge

Eine ganz eigene Sprache der Verfremdung hat die bildende Kunst. Eine ernstzunehmende Auseinandersetzung mit einem biblischen Inhalt will ja nicht ein vorgegebenes Thema illustrieren oder veranschaulichen, sondern sucht die eigene Perspektive. So bieten oft Kunstwerke im Zusammenhang mit biblischen Texten ganz überraschend neue Ansichten, die das Verstehen vertiefen; zwei erscheinen in diesem Band besonders klar:

a. *Die radikale Ehrlichkeit.* Kunst kann – will sie sich treu bleiben – keine vorgegebenen Formen oder Formeln übernehmen. Am Anfang der Auseinandersetzung mit einem Thema oder einem Gestaltungsproblem wird darum die Lösung von der Last der Tradition stehen müssen. Diese kann gerade bei christlichen Themen so drücken, daß es kaum ohne kräftige oder sogar gewaltsame Befreiungsaktionen abgeht. Zu den interessantesten Versuchen gehören die Christus-Übermalungen von Arnulf Rainer (4.6). In den Bildern geht es nicht um ein leichtfertiges Spiel mit religiösen Inhalten; bei näherer Vertiefung spürt man deutlich einen vehementen, vielleicht auch quälenden Prozeß der Ablösung von altgewordenen Bildern, die den eigenen Blick auf Christus verstellen. Solche Bilder fordern zur rückhaltlos ehrlichen Auseinandersetzung mit den eigenen Vorstellungen und Einstellungen heraus. – Auch bei den Texten gibt es Beispiele solcher Befreiung von den „Masken", hinter denen wir Christus unkenntlich und unzugänglich gemacht haben (vgl. 4.5).

b. *Radikale Menschlichkeit Jesu* ist die zweite neue Sicht, die wir aus der Kunst gewinnen können. In der bildenden Kunst der Moderne wird man fast vergeblich nach Darstellungen des machterfüllten, siegenden Christus suchen. Es finden sich fast nur Bilder des Menschen – und zwar des leidenden, zu Tode geschundenen Mannes aus Nazaret. Er wird zum Urbild und solidarischen Unglücksbruder aller derer, die in unserer Zeit gequält und umgebracht werden. Unter den zeitgenössischen Künstlern fordert besonders der Maler und Priester Herbert Falken zur engagierten Auseinandersetzung heraus. Der „Christuskopf" (4.39) wächst aus dem unbestimmten Dunkel des Hintergrunds heraus; sein spezifisches Merkmal ist das Licht, das von ihm ausgeht und in feinen Strahlen in das Dunkel hineinragt. Ein zentrales Motiv ist die Dornenkrone: Bei näherer Betrachtung zeigt sich, daß sie – beinahe bestürzend – in die Darstellung des Kopfes integriert ist, als sei sie ein Teil davon. Das zweite Bild, das wir dem ersten zuordneten, klärt die Bedeutung dieser eigenartigen Bildzeichen. Denn in diesem (Selbst-)Portrait erscheint die gleiche Dornenkrone – diesmal aber als „Gehirn" gekennzeichnet. Offensichtlich geht diese Darstellung auf die langjährige seelsorgerliche Tätigkeit des Malers in der Psychiatrie zurück, in der er lernte, die Psyche als Einfallstor menschlicher Qual zu sehen; das Gehirn wird zu einem Grund-Symbol des Leidens. Die beiden Bilder verschmelzen nun das Leiden Christi und das heute erfahrene Leiden in diesem Symbol: Im leidenden Christus erkennen wir auch das Leiden unserer Zeit. In diesen Bildern scheint eine Dimension von „Stellvertretung" auf, die nicht ohne weiteres mit der traditionellen Sicht vom stellvertretenden Leiden und Sterben Christi zur Deckung kommt, die uns aber vielleicht tröstlicher erreicht als die überlieferte Formel. – Im gleichen Zusammenhang ist auch das Bild „Emmaus" von Alfred Hrdlicka zu sehen (4.51): Der Auferstandene ist einer von denen, die auf die Hinrichtung in der faschistischen Mordstätte Plötzensee warten. Als Mit-Leidender bricht er das Brot und wird an dieser Geste brüderlicher Zuwendung als der Lebendige erkannt. – Eben diese radikale Menschlichkeit Jesu, die die bildende Kunst zeichnet, kann neue Zugänge öffnen.

Neue Perspektiven heben die Gewöhnung auf

Traditionellerweise nehmen wir die biblischen Texte in fest bestimmten Räumen und Zeiten wahr; ihr Ort ist die biblische Geschichte des Alten und Neuen Testaments – weit entfernt von unserer Lebenswelt. Die meisten Verfremdungen strengen sich an, diese Vertrautheit aufzuheben und gleichzeitig den Abstand zu verringern, z. B. durch eine entsprechende Veränderung der Raum- oder Zeitperspektive. In die Gegenwart verlegen letztlich alle den Hand-

lungsort; deutlich zeigt sich die Verfremdung bei Texten und Bildern aus der Dritten Welt (4.9; 4.20; 4.26).
Einen interessanten Perspektivenwechsel können wir auch in den Verfremdungen des Neurochirurgen Rudolf Kautzky beobachten (4.21 und 4.45). Konsequent übersetzt er die biblischen Begriffe in eine Sprache, die ein erfahrungsbezogenes Verständnis ermöglicht. Möglicherweise werden manche diese „Entmythologisierung" als zu weitgehend ablehnen, aber sicher wird sie die Frage auslösen, was denn die neutestamentlichen Aussagen für uns persönlich an Lebensorientierung bereithalten – und damit hat die Verfremdung schon ihr Ziel erreicht: eine unverbrauchte Auseinandersetzung mit der Bibel herbeizuführen.

Provokationen brechen erstarrte Wahrnehmungsmuster auf

Manche werden einige Bilder und Texte als Provokation empfinden, als Angriff auf die eigenen religiösen Gefühle und die Autorität der Heiligen Schrift: „Darf man einfach ein Christusbild beschmieren?" (4.6) – „Ist es denn erlaubt, die Kreuze von Golgatha auf ein Siegespodest zu stellen, wie bei einem Sportfest?" (4.35) – „Wird Christus nicht beleidigt, wenn eine Mutter ihren Sohn dringend warnt, ja nicht so ein verpfuschtes Leben zu führen ‚wie dieser da'?" (4.50). Bei genauerer Betrachtung zeigt sich aber, daß der Schriftsteller oder Künstler mit dem Mittel der Satire nicht den Glauben angreift, sondern dessen Entstellungen und Verzerrungen. Dorothee Sölle notiert:

> „Jeden Tag habe ich Angst
> daß er umsonst gestorben ist
> weil er in unseren Kirchen verscharrt ist
> weil wir seine Revolution verraten haben . . ."

Darum muß sich, wie wir sahen, der Künstler gewaltsam von der niederdrückenden Last der Christusbilder befreien. Darum provoziert uns der Karikaturist (4.35) zu der Frage, aus welcher Sicht wir unsere Welt wahrnehmen. Wir haben uns doch auf beängstigende Weise daran gewöhnt, alles aus der Perspektive des Siegers zu sehen, des Starken, der sich durchsetzt. Dabei haben wir ganz vergessen, daß der Gekreuzigte alles Leistungs- und Machtdenken durchkreuzte und immer auf der Seite der Verlierer zu finden war. Eben dies entlarvt die Karikatur. Daß wir diese Erinnerung an den ohnmächtigen Christus verdrängen, ist der Skandal, nicht die Zeichnung. Der Text von Oscar Wilde (4.36) hat eine ganz ähnliche Stoßrichtung: Der Jüngling hat – in der fiktiven Erzählung – tatsächlich die gleichen Taten vollbracht wie Christus; aber das Eine, auf das es ankommt, fehlt ihm: Liebe, Hingabe. Eine „Nachfolge“, die selbst noch die Kreuzigung im Zusammenhang von Leistung und Erfolg sieht, muß scheitern. Auch dieser provokative Text konfrontiert uns mit der Frage nach den Lebenszielen, an denen wir uns ausrichten, ebenso wie die skandal-besetzte „Krippenrede“ von Josef Reding (4.50). Diese Texte und Bilder wollen aus erstarrten Gewohnheiten zu einer neuen Begegnung mit dem biblischen Christus und mit uns selbst herauslocken – nichts anderes heißt ja provozieren! Wo unsere Sichtweisen und Handlungsmuster verhärtet sind, schlägt eine Verfremdung auch einmal pro-vozierend drein, um neues Leben anzuregen. Das sollten wir bedenken, wenn wir uns provoziert fühlen.

Aufdecken des revolutionären Gehalts gibt der Botschaft ihre Dynamik zurück

„War Jesus Revolutionär?“ lautet eine beliebte Frage. Natürlich nicht – denn er verfolgt kein politisches Programm zur Umwälzung aller gesellschaftlichen Verhältnisse. Aber sein Verhalten und seine Botschaft wirkten revolutionär, weil sie geltende Werte nicht akzeptierten: nicht die Frommen gelten bei Gott, nicht die Angesehenen, die Anständigen, die Männer, die Erwachsenen . . ., sondern die Sünder, die Armen, die Huren, die Frauen, die Kinder. Die Christen haben zu allen Zeiten mit Erfolg versucht, die revolutionäre Sprengkraft zu kanalisieren und damit unschädlich zu machen. Verfremdungen können sie wieder bewußtmachen und zur Wirkung bringen. Gleichzeitig animieren sie uns, nicht nur Leser oder Hörer, sondern „Täter des Worts“ zu werden.

Wir sind am Ende unseres Rundgangs durch die Verfremdungen dieses Bandes. Vielleicht sind einige neue, bisher übersehene oder vergessene Seiten an Christus wieder ans Licht gekommen. Aber auch unsere neuen Versuche zu sagen, wer Jesus für uns ist, müssen zweifelhaft bleiben, mißverständlich, bestenfalls *eine* Ansicht von IHM beschreibend. Vielleicht zeigt er sich uns dereinst – so denkt sich Lothar Zenetti – als Hirt *und* als Schaf (4.27) – oder eben einfach als der Jesus von Frau Heilmann *und* ihrem Sohn.

*27 Und Jesus ging samt seinen Jüngern hinweg in die Dörfer
bei Cäsarea Philippi. Und auf dem Wege fragte er seine
Jünger und sprach zu ihnen: Für wen halten mich die Leute?
28 Da sagten sie zu ihm: Für Johannes den Täufer, andre für
Elia, noch andre für einen der Propheten. 29 Und er fragte sie:
Ihr aber, für wen haltet ihr mich? Petrus antwortet und sagt zu
ihm: Du bist der Christus. 30 Und er gab ihnen strengen
Befehl, sie sollten zu niemandem über ihn reden.*

Markus 8,27–30

4.1

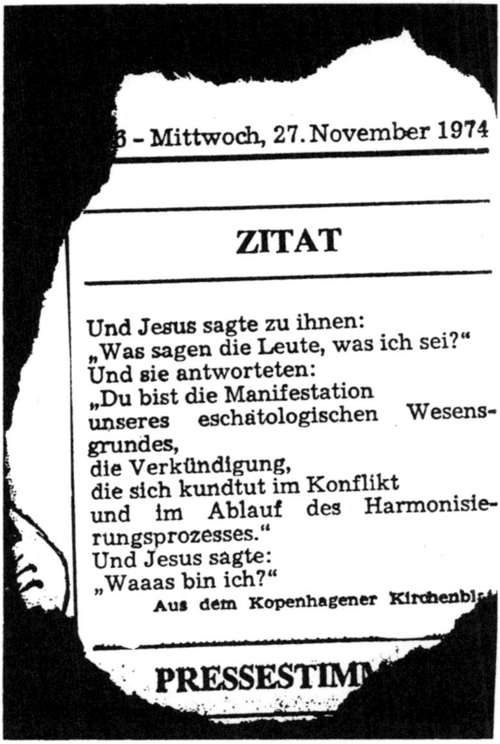

6 - Mittwoch, 27. November 1974

ZITAT

Und Jesus sagte zu ihnen:
„Was sagen die Leute, was ich sei?"
Und sie antworteten:
„Du bist die Manifestation unseres eschatologischen Wesensgrundes,
die Verkündigung,
die sich kundtut im Konflikt und im Ablauf des Harmonisierungsprozesses."
Und Jesus sagte:
„Waaas bin ich?"

Aus dem Kopenhagener Kirchenbl...

PRESSESTIMM...

Aus: ru 2/75

4.2 Seine Namen

MEISTER (Lk 10,28)

GOTTESLÄSTERER (Mt 26,65)

Schlemmer und Zecher (Lk 7,34)

SOHN GOTTES (Mt 8,29)

rabbi (Mk 9,5)

sohn des höchsten (Lk 1,32)

.....er ist von Sinnen ... (Mk 3,21)

Der Heilige Gottes (Mk 1,24)

PROPHET (Mt 20,11)

Freund der Zöllner und Sünder (Lk 7,34)

SOHN DES ZIMMERMANNS (Mt 13,55)

HERR (Mt 8,2)

Sohn Davids (Mt 15,22)

menschensohn (Lk 19,10)

Er hat den Beelzebul (Mk 3,22)

4.3 was die leute von IHM sagen

die lügner sagen
er ist ein lügner

die dichter sagen
er ist ein dichter

die propheten sagen
er ist ein prophet

die revolutionäre sagen
er ist einer von uns

die heiligen sagen
er ist ein heiliger

die mächtigen sagen
er ist gefährlich

die besitzenden sagen
er ist ein kommunist

die nichtssagenden sagen
nichts

die bürger
fühlen sich beunruhigt

die liebenden sagen
er empfindet wie wir

die verlorenen sagen
er hat uns gefunden

die hungrigen sagen
er ist unser brot

die blinden sagen
wir sehen alles neu

die stummen sagen
wir wagen es wieder
den mund aufzutun

die tauben sagen
es lohnt sich
ihm zuzuhören

die lügner sagen
er hat uns gemeint

die mächtigen
haben das letzte wort
oder das vorletzte
auf jeden fall
weg mit ihm

Wilhelm Willms

4.4 frage

ein mann sprach so:
ich sehe ihn auch
nur ungenau zwar
doch eher
als tiger
als clown
als tänzer
oder grünen vulkan

doch nicht
als beamten
schon gar nicht
in einem armeedress

frage:
wen meinte der mann?

Kurt Marti

4.5

jesus
wenn ich dich sehen will
bildchen
schmerzensmann als silberanhänger
oder
der rembrandtblick mit glanzlicht
und
neuerdings wehend in hippiehaar
der wind wo er will

weil du
der bist
der alle masken fallen läßt
haben wir dich
hinter hundert masken
erstickt

Ernst Eggimann

4.6

Arnulf Rainer: Christus mit Wunde und Kranz

4.7 Die Geschichte von der zweimaligen Kanalisierung des Jesus Christus

Er war, so steht geschrieben, Gottes Sohn.
Er geißelte die Krämer aus dem Tempel,
Schmiß ihre Tische um mit allem Krempel.
Das war sein einz'ger Fall von Aggression.

Ansonsten hielt er weniger vom Prügeln.
Er kam, den Käfig aus Gewalt und Geld,
Der unsre Seelen eingekastelt hält,
Durch Liebe, Armut, Demut aufzuriegeln.

Er sagte: Rafft nicht, laßt euch nicht verhetzen.
Seid wie die Vögel – sorgenlos und frei!
Bedenklich war's. Sie hieben ihn in Fetzen,

Und klopften ihn ans Holz. Ganoven zwei,
Die endeten daneben auf den Plätzen.
Der kann uns kreuzweis! sprach die Staatspartei.

Doch in Bälde hat's gedämmert:
Dieser Mann war ein Fanal.
Daß man ihn ans Kreuz gehämmert,
Das bekam ihm kolossal.
Zahllos wurden seine Jünger,
Und sie ließen mit Juchhei
Fleisch und Bein im Löwenzwinger.
Ihre Seelen waren frei.

An dem Jesus muß was sein!
Dachte man verdutzt.
Kriegen wir den Kerl nicht klein,
Wird er halt benutzt.

Kanalisieren!
Banalisieren!
Ihr sollt mal sehn, wie wir den Jesus renovieren!
Hopp, hopp, aufs Thrönchen,
Gebt ihm ein Krönchen,
Lackiert mit Gold die heil'ge Mutter und das Söhnchen!
Der Römerkaiser Konstantin
Gab ihm Beamtenstatus,
Berief zum Seelenpfleger ihn,
Macht Jesus zum Pilatus.

Das sollte für zirka anderthalbtausend Jahre langen.
Und alle Reichen sangen:
Ho Sanna,
Hey Sanna,
Der speist die Armen mit dem Duft von himmlisch Manna!
There's no Jesus
Like Show Jesus,
Der größte Hit seit dem Verlust des Paradieses!

Man hat ihn abgenutzt durch Vielgebrauch,
Ihn mit Gewalt und für Gewalt verschlissen,
Sein Rock, der ist gewendet und zerrissen,
Und seine Worte sind gewendet auch.

„Mensch, übertrumpf den Nächsten wie dich selber!
Mensch, leiste mehr, so kannst du dir mehr leisten!"
Und alle lassen über diesen Leisten
Sich schlagen, und die Seelen werden gelber.
Ein bißchen Jesus gibt wie eh und je
Familienfeiern einen bill'gen Rahmen.
Und wenn man's lassen will, ist's auch o.k.,
Dann überläßt man ihn den alten Damen.
Man ist ja schließlich frei, herrjesesnee,
Na ja, und wurscht is's eh, und damit Amen.

Plötzlich fand ein Außenseiter:
Ist denn dieser Jesus nicht
Neuer Freiheit Wegbereiter?
Lehrt er nicht Konsumverzicht?
Ist denn Jesus nicht der Heros,
Der uns führt aus Streß und Trott?
Heroin und Gruppeneros
Taugt nichts! Nur der Trip zu Gott! –
Teufel! Das hat Resonanz,
Merkten bald die Macker.
Na, dann leiten wir's mal ganz
Schnell auf unsern Acker!

Kanalisieren!
Banalisieren!
Ihr sollt mal sehn, wie wir den Jesus produzieren!
Für Mann und Weibchen
Gedruckt auf Leibchen,
Gepreßt als Superstar auf fünf Millionen Scheibchen!
Wo auf dem Teller Dschieses kreist,
Da kann uns nichts verfrieren.
Beim Dschieses-Rock kann Jesu Geist
Nur dürftig vegetieren!

Für zirka anderthalb Dutzend Milliarden Umsatz
sollte Jesus schon langen.
Und alle beteiligten Branchen sangen:
Ho, Sonny,
Hey, Sonny,
Kein andrer sorgt so gut wie du für himmlisch Money!
There's no Jesus
Like Show Jesus,
Der größte Hit seit dem Verlust des Paradieses!

Wolfgang Franke

4.8 Die entscheidende Frage

Natürlich standen die Apostel in vielem erst am Anfang. Entspechend fielen ihre Antworten aus. Etwas dürftig zuweilen, mit Verlaub. Was hindert uns, ein bißchen nachzuhelfen? ...

Als Jesus einmal in der Einsamkeit gebetet hatte und die Jünger sich wieder um ihn scharten, fragte er sie: „Für wen halten mich die Leute?“ Sie gaben ihm zur Antwort: „Für Johannes den Täufer“, „für einen Elija“, „ja, sie sagen: einer der alten Propheten ist wiedergekommen!“ – „Jedenfalls halten sie dich für einen ganz bedeutenden Menschen. Sie sagen: Jesus, das ist ein wirklich guter Mensch, ein Vorbild für alle. So ein Lehrer der Humanität wie Sokrates zum Beispiel oder Goethe oder Gandhi, sagen sie. Manche bezeichnen dich auch als einen großen Sozialreformer... Ein Revolutionär der Liebe, so hat dich einer genannt!“ –

„Und ihr?“ fragte er weiter, „was sagt ihr von mir?“ Da gab Simon Petrus zur Antwort, und man merkte gleich, er hatte inzwischen seinen Rahner wohl studiert: „Du bist, wie die Kirche es gegen alle Mißbildungen und Verkürzungen besonders in Richtung auf eine bloße Gesinnungseinheit mit Gott entfaltete und zumal auf den frühen Konzilien von Ephesos und Chalkedon formulierte, die zweite Person der Heiligen Dreifaltigkeit, der Sohn des Vaters, der Logos mithin, sein göttliches Wort, das von Ewigkeit her im Besitz des vom Vater mitgeteilten einen göttlichen Wesens ist, das in der Zeit aus Maria eine menschliche Natur als vollendet eigene Wirklichkeit angenommen hat, so daß du in der Einheit derselben göttlichen Person eine göttliche und eine menschliche Natur unvermischt und ungetrennt besitzt und als derselbe also wahrhaft als Gott und Mensch zu glauben und zu bekennen bist.“ –

Er war ein bißchen außer Atem, der Simon Petrus, als er das gesagt hatte, aber es war ein großartiges Bekenntnis. Es schien ihm freilich, als ob Jesus ein wenig lächelte. Auf jeden Fall verbot er den Jüngern streng, dies irgend jemand zu sagen.

Lothar Zenetti

*[16] Und er kam nach Nazareth, wo er erzogen worden war, und
ging nach seiner Gewohnheit am Sabbattag in die Synagoge
und stand auf, um vorzulesen. [17] Und es wurde ihm das Buch
des Propheten Jesaja gegeben; und als er das Buch auftat,
fand er die Stelle, wo geschrieben stand:
[18] „Der Geist des Herrn ruht auf mir, weil er mich gesalbt hat:
er hat mich gesandt, den Armen frohe Botschaft zu bringen,
den Gefangenen Befreiung zu verkündigen und den Blinden
das Augenlicht", „die Zerschlagenen zu befreien und zu
entlassen", [19] „ein angenehmes Jahr des Herrn zu verkündi-
gen."
[20] Und als er das Buch zugetan hatte, gab er es dem Diener
wieder und setzte sich, und aller Augen in der Synagoge waren
auf ihn gerichtet. [21] Er begann aber damit, ihnen zu sagen:
Heute ist dieses Schriftwort erfüllt vor euren Ohren. [22] Und
alle gaben ihm Zeugnis und verwunderten sich über die Worte
voll Anmut, die aus seinem Munde kamen, und sagten: Ist
dieser nicht der Sohn Josephs? [23] Und er sprach zu ihnen:
Jedenfalls werdet ihr mir dieses Sprichwort sagen: Arzt, heile
dich selbst! So große Dinge in Kapernaum geschehen sind,
wie wir gehört haben – [so große] tue auch hier in deiner
Vaterstadt! [24] Er sprach aber: Wahrlich, ich sage euch: Kein
Prophet ist gut aufgenommen in seiner Vaterstadt. [25] Der
Wahrheit gemäß aber sage ich euch: Viele Witwen waren in
den Tagen des Elia in Israel, als der Himmel drei Jahre und
sechs Monate lang verschlossen war und eine große Hungers-
not über das ganze Land kam; [26] und zu keiner von ihnen
wurde Elia gesandt, sondern nur zu einer Witwe nach Sarepta
in Sidonien. [27] Und viele Aussätzige waren in Israel zur Zeit
des Propheten Elisa; und keiner von ihnen wurde rein, son-
dern nur der Syrer Naeman. [28] Da wurden alle in der Syn-
agoge, als sie dies hörten, voll Zorn [29] und standen auf,
stießen ihn zur Stadt hinaus und führten ihn bis zum Abhang*

*des Berges, auf dem ihre Stadt gebaut war, um ihn hinabzu-
stürzen.* [30] *Er aber schritt mitten durch sie hindurch und ging
hinweg.*

Lukas 4,16–30

4.9 Ein neuer Jesaja

Jesaja, der große Prophet,
Gottes Messias kündet er an
zum Trost des gesamten Volkes.

Die Zeit meiner Ankunft hat sich genaht,
unvorhergeseh'n steh' ich in eurer Mitte.
So erwähl' ich mir Propheten,
auf daß sie allerorten die Stimme erheben.
Heut' ist die Zeit des neuen Jesaja,
der sein Ohr am Puls des Lebens hat
und wahrlich neue Wege weist,
Befreiungswege für mein ganzes Volk.

Seine Stimme soll er erheben
gegen alle, die ein böses Leben führen.
Auftreten muß er mit großer Kraft,
Gerechtigkeit schaffen und die Armen trösten.
Die Gute Nachricht der Hoffnung sei sein Amt.
Er sage: Gott ist immer bei euch.
Alle Menschen soll er hinterfragen
und dem Volk sein ein echter Prophet.

Ich will, daß die Menschen alle zusammen
leben nach Gottes heiligem Plan.
Ich will, daß sie Gemeinschaft pflegen,
auf daß ich sie Brüder nennen kann.
Ich will, daß die Kinder spielen und lachen,
da der neue Tag stets näher ihnen kommt.
Ich will, daß denen, die erstreben bessere Welten,
die Hoffnung nicht fehle bei ihrem Kampf.

So geh! Erfülle die Erde mit Mut,
nie werd' ich weichen von deiner Seit'.
Verbreite Glauben, sei Zeichen, du!
Immanuel – Gott mit uns – bereits naht.
Glaubst du an meine Liebe?
– Immer sie währt!
Nie werd ich weichen von deiner Seit'.

Zeit ist's, Gerechtigkeit zu üben,
Falschheit soll weichen aus eurer Mitte,
Brüder und Schwestern, liebet einander
und hofft auf den Messias vertrauensvoll!

Lied aus den brasilianischen Basisgemeinden

4.10

Otto Pankok: Sie wollen ihn steinigen (1933)

4.11

Am Tag darauf war Schabbat, und Jeschua ging mit uns in die Synagoge, er hielt sich an die Gesetzesvorschriften.
Wie es üblich war, reichte man dem Gast die Schriftrolle und zeigte ihm, bis wohin man gelesen und wo er fortzufahren hatte, und Jeschua las. Es waren die Worte des Propheten Jeschajahu.
„Der Geist des Höchsten ruht auf mir, der Herr hat mich gesalbt. Er ists, der mich gesandt hat, den Armen frohe Botschaft zu bringen, die Fesseln zu lösen, die Trauernden zu trösten und ein Jobeljahr auszurufen."
Weiter las er nicht.
Er gab die Rolle zurück.
Nun war es an ihm, die Stelle zu deuten.
Er saß eine Weile still, und alle Augen hingen an ihm. Dann fing er an zu sprechen. Was sagte er? Das war nur die Wiederholung des Jeschajahu-Wortes:
Ich bin gesandt, ein Jobeljahr auszurufen.
Wieso klang dieser Satz plötzlich anders, so als ließe eine alte Handschrift eine andre durchscheinen, eine noch ältere? „Ich bin gesandt." Dieses Ich, was war das denn? Die Schriftgelehrten schauten sich beunruhigt an. Er ließ ihnen Zeit nachzudenken. Dann sagte er zum dritten Mal: Ich bin gesandt, ein Jobeljahr auszurufen.
Jetzt hörten sie schon nur mehr dieses ICH.
Und wieder eine Pause.
Da sagte einer der Schriftgelehrten: Du redest vom Jobeljahr. Jetzt ist aber kein Jobeljahr. Seit dem letzten sind nicht einmal zwanzig Jahre vergangen, bis zum nächsten sinds dreißig.
Du hörst, was ich sage. Es gibt Jobeljahre, die ihr errechnet, und Jobeljahre, die sich euren Rechnungen entziehen.
Sie schüttelten die Köpfe.
Und wer stellt so ein Jobeljahr auf, wenn nicht das Gesetz der Zahl?

Jeschua sagte: Nicht Gesetze bestimmen es, sondern die Not des Volkes.
Einer der Schriftgelehrten sagte: Erklär dich besser. Hast du nicht gesagt, du bist es, der das Jobeljahr ausruft? Mußten wirs so verstehen? Wer aber bist du, daß du das könntest?
Wer ich bin, das werdet ihr später wissen. Was ich ausrufe, ist das Jahr des Heils. Frage an euch: was geschieht im Jobeljahr?
Als sie nicht gleich antworteten, um nicht etwa unversehens in eine Falle zu geraten, gab er selbst die Antwort:
Das Jobeljahr ist das Jahr der Befreiung der Sklaven, des Erlassens aller Schulden, der Rückgabe gekauften oder enteigneten Landes, der Wiederherstellung der Gerechtigkeit.
Das wissen wir, riefen sie, doch ist nun einmal kein Jobeljahr.
Recht sagt ihr: es ist kein Jobeljahr, das Unrecht herrscht, geraubtes Gut wird nicht zurückerstattet, enteignetes Land nicht zurückgegeben, Schulden werden nicht erlassen, Sklaven nicht freigegeben, Besitz wird nicht geteilt. Kein Jobeljahr!
Was machst du uns Vorwürfe? Sind wir etwa schuld, daß kein Jobeljahr fällig ist? Liegts an uns, daß alles schief und krumm ist? Geh doch zu Herodes, geh zu Pilatus, geh zum Hohen Rat! Und überhaupt: wie trittst du hier auf, als wärst du wer weiß was, du Zimmermannssohn! Stichts dich, den Propheten zu spielen? Oder gar den Messias?
So schrien sie durcheinander.
Da stand Jeschua auf, und es ging etwas aus von ihm, das sie schweigen machte. Er ließ sie eine Weile warten. Sie wußten nicht weiter, sie traten von einem Fuß auf den andern. Schließlich sagte einer, der sehr alt war, seine Stimme zitterte: Sag uns, wer du bist.
Jeschua sagte: Ich bin der, der die Schrift erfüllt, und sie erfüllt sich jetzt.
Ich erschrak. Was meinte er damit? Was war dieses Jetzt? Diese Stunde, oder dieser Abschnitt unsrer Geschichte, oder ein aionenlanges Jetzt? Und wenn das Jetzt jetzt ist: was erfüllt sich?
Da ging ihnen auf, was er gesagt hatte, und sie schrien:
Er münzt die Worte des Jeschajahu auf sich! Haben wir doch recht

gehört: Ich, der Gesalbte des Herrn, Ich, der die Schrift erfüllt. Unerhörtes Wort.
Einer trat dicht vor Jeschua hin und schrie ihm ins Gesicht: so sags doch rundheraus, wofür du dich hältst! Sag doch: Ich, der Messias. Sag: Ich, der Menschensohn!
Da drängten sich alle gegen ihn und drohten ihm und schoben ihn zur Synagoge hinaus und weiter. Zum Felsen! schrien sie. Der Fels aber war der, von dem man früher Gotteslästerer stürzte. Als wir das begriffen, warfen wir uns zwischen Jeschua und seine Verfolger. Besonders Jehuda war es, der schrie und fluchte und handgreiflich wurde. Da aber wandte Jeschua sich um und blieb stehen, und mit einem Mal wurde es still, und man hörte ihn mit ruhiger Stimme sagen: Was ihr tun wolltet, das werden andre tun zu gegebener Zeit. Ihr aber: dankt dem Ewigen, daß er euch vor Blutschuld bewahrte.
Er zog seinen Mantel eng um sich und ging zwischen ihnen hindurch und aus der Stadt hinaus. Niemand folgte uns.

Luise Rinser

Und Jesus sagte zu ihm: Die Füchse haben Gruben und die Vögel des Himmels [haben] Nester; der Sohn des Menschen dagegen hat nicht, wo er sein Haupt hinlegen kann.

Matthäus 8,20

4.12 Jesus

Was würde sein, wenn es Jesus wirklich gibt
von dem jeder behauptet, daß er ihn liebt
Und der steigt zu uns runter, uns zu befrei'n
Was ihm da passierte in unserem Verein
das stell ich mir vor und dann wird mir ganz leer
Kein Mensch erkennt ihn, wenn er unter uns wär.

Ein silberner Mercedes und ein schwarzer BMW
fahrn mit blutigen Reifen durch klaren Schnee

Jesus – steig nie herab
du kriegst keine Wohnung
und vom Kuchen nichts ab
Du kriegst keine Arbeit
und du kommst in den Knast
weil du militant und schreiend
Widerstand geleistet hast

Denn Jesus war Pole und Jude dazu
Jesus war ein Schwarzer und kam aus Peru
Jesus war Türke und Jesus war rot.
Mensch Jesus, bleib oben, sonst schlagen die dich tot!

Bettina Wegner

4.13 Kein Anspruch auf eine Idylle

Die Füchse haben ihre Gruben
und die Vögel ihre Nester.
Die Schnecken haben ihren Schleim,
auf dem sie kriechen,
und ihre Häuser, in die sie sich verziehen.
Die Ratten haben ihre dunklen Kanäle
und die Hamster ihre Vorratslager.

Die Opportunisten haben ihren Wind im Rücken
und die Angepaßten ihre Karriere.
Die Denunzianten haben die Ohren
der Aufpasser und der Oberen.
Die Bundesrepublik hat ihren Antikommunismus,
und die Parteien haben
ihren Wahlkampf-Slogan,
der garantiert verführt.

Die Unternehmer haben ihr Vermögen
auf ihre Frau überschrieben
oder in die Schweiz transferiert.
Die Kinder der Einflußreichen
haben ihren Studienplatz,
und die Gebildeten haben ihre Argumente;
wozu haben sie denn sonst studiert?

Die Dogmatiker haben feststehende Antworten
und ewige Wahrheiten.
Die Sektierer haben ihre Oasen,
religiöse Schrebergärten, fest umzäunt.
Die fanatisch Frommen haben
ihren Kirchen- und Glaubenskampf
zu ihrer Selbstbestätigung

und keine Zweifel,
keine ungewohnten Gedanken.

Aber des Menschen Sohn hat nicht,
wo er sein Haupt hinlege,
auch nicht, die ihm nachfolgen,
kein Ruhekissen, kein Polster, keine Idylle.
Des Menschen Sohn hat keine Rückversicherungen,
keinen Anspruch auf Ruhe und Ordnung,
auf öffentlichen Schutz
vor Mißverständnissen und Mißhandlungen.

Des Menschen Sohn hat
keine uneinnehmbaren Bastionen,
nichts zum Verkriechen,
nichts zum Verstecken.
Er hat keine Rückendeckung
und keinen Hinterausgang,
keine Ausflüchte.
Nichts hat er zu verbergen
und nichts vorzutäuschen.
Des Menschen Sohn hat auch nichts zu verlieren
außer seinem Leben.
Doch er setzt es ein,
riskiert es für andere.

Darum ist er rastlos unterwegs,
ein Nichtseßhafter,
festgehalten nur durch Gott.
In die unendliche Weite
der Liebe herausgefordert,
gelockt von der unbegrenzten Freiheit,
als ein Mensch Gottes zu leben
auf dieser Erde.

Manfred Fischer

4.14 bänkelgesang für die synode

du liebe frau, du guter mann,
frag mal bei der synode an,
ob unser herre christ
nur für die einen kommen ist:
für die villenbewohner
und belegschafts-entlohner,
für die herrenfahrer
und abendlandwahrer,
für die flotten im worte
und die mit eskorte,
für die uniformschmücker
und die leute am drücker.

du liebe frau, du guter mann,
frag mal bei der synode an,
ob unser herre christ
auch für die andern kommen ist:
für die gehemmten
und ungekämmten,
für die betuppten
und abgeschuppten,
für die mit ’nem stich
und die auf’m strich,
für die im zement
und die ohne hemd.

und liebe frau, und guter mann,
erwidert die synode dann,
daß unser herre christ
wohl für alle kommen ist,
dann schau dich um
im präsidium:

ein wertpapiersammler,
aber kein gammler.
ein leitender leiter,
kein gastarbeiter,
einer mit ordenslast,
kein bruder aus'm knast.
viele am ruder,
kein armes luder.

du liebe frau, du guter mann,
frag mal bei der synode an,
ob unser armer herre christ
bei ihr noch heut zugegen ist.

Josef Reding

4.15 Mehr oder minder Wappentiere

IHRE Tiere:
Adler, Doppeladler,
gekrönter Adler,
Löwe, Wolf, Hahn.

SEINE Tiere:
der Fisch, das Lamm,
die Taube, der Sperling.

Zuletzt,
losgebunden vom Pflock,
ein Esel.

Paul Konrad Kurz

4.16

Wenn ich die Evangelien lese, stoße ich nie auf eine Stelle, wo von dem Gepäck die Rede ist, das Jesus mit sich trug. Es wird nicht einmal eine Reisetasche erwähnt, wie sie Sommerset Maugham auf seinen Wanderungen in China bei sich hatte. (Der Bildhauer Buffano reist mit dem leichtesten Gepäck, das ich jemals bei einem Menschen gesehen habe, aber selbst Bennie nimmt eine Schachtel für sein Rasierzeug mit, in die er noch Wäsche, eine Zahnbürste und ein paar Socken hineinstopft), Jesus aber besaß nicht einmal eine Zahnbürste, soviel man weiß. Kein Gepäck, keine Möbelstücke, keine Wäsche, kein Taschentuch, keine Kennkarte, kein Bankbuch, keine Versicherungspolice, kein Haus (nicht einmal einen Winterpalast), er brauchte auch keine Briefe zu lesen und zu beantworten. Soviel wir wissen, schrieb er nie eine Zeile. Heimat war für ihn, wo er sich gerade befand. Nicht, wo er seinen Hut aufhängte, denn er besaß keinen ... Jesus tat seine Arbeit – und es war ein mächtiges Werk! – ohne Zuschuß. Ebenso Lincoln, John Brown und Willie Lloyd Garrison. Wenn ihre Bemühungen mißlangen, so nicht, weil ihnen die finanzielle oder akademische Unterstützung fehlte. Kann man sich vorstellen, daß Jesus einen akademischen Grad erhielt? Etwa wegen einer Krankenheilung zum Ehrendoktor gemacht wurde? Von allen Graden hätte der „Doktor der Theologie" am wenigsten zu ihm gepaßt ...

Henry Miller

4.17 Jesus

Seltsamer Gedanke,
daß unsere abendländische Kultur
auf einen Mann zurückzuführen sei,
von dem mit keiner Zeile berichtet wird,
daß er etwas gearbeitet hat.

Peter Bloch

4.18

Im Zimmermannsgeschäft gab er sich bei jeder Arbeit, die Joseph ihm zuwies, größte Mühe. Es ist sehr schade, daß nicht ein einziges Stück, das er angefertigt hat, erhalten geblieben ist, so daß wir es sehen könnten! Vielleicht eine Wiege, ein Puppenbett, ein Lehnstuhl oder eine Kommode. Wenn es so etwas gäbe, von Jesus eigenhändig angefertigt, das wäre ein Vermögen wert! Aber es wäre auch für die Jungen und Mädchen von heute das schönste Beispiel für fehlerlose Arbeit. Genau rechtwinklig führte er die Sägeschnitte! Vorbildlich paßten die Fugen! Wie glatt gelang ihm die Oberfläche und wie unsichtbar die Verbindungen!
Als Jesus achtzehn, neunzehn oder zwanzig Jahre alt war, fragte er sich vielleicht manchmal, warum er so lange im Zimmermannsgeschäft bleiben mußte. Wartete die Welt nicht auf die Botschaft, die er bringen sollte? Warum mußte er da Zeit verschwenden, an der Hobelbank stehen und Sägen und Meißel schärfen? Aber es war keine vergeudete Zeit. Durch sein ständiges Streben nach vollkommener Arbeit bereitete er sich auf die vor ihm liegende große Aufgabe vor.

... Deshalb mußte er auch mit allem, was er tat und sagte, ein Beispiel der Vollkommenheit geben. Er konnte es sich nicht leisten, irgendeinen Fehler zu machen, eine schlechte, wertlose Arbeit aus der Hand zu geben oder ein unfreundliches Wort zu sprechen.
Was hat er uns für ein Beispiel gegeben! Noch heute, fast zweitausend Jahre später, sollen wir seinen Spuren folgen und danach streben, so zu leben wie er. Wenn wir das tun, werden auch wir zunehmen an Weisheit, Alter und Gnade bei Gott und den Menschen.

4.19 Außenseiter

Jesus stellt sich an die Straße und versucht, ein Auto anzuhalten. Er steht und winkt. Der Wind zerzaust seine Haare, er kaut an ein paar Barthaaren. Es kommt einer, der macht das Zeichen des Haarschneidens. Und fährt vorbei. Ein anderer kommt, bleibt stehen, um Jesus zu sagen, solche Elemente, die auf Kosten anderer leben möchten, gehörten ins Gefängnis. Oder gleich in die Gaskammer. Jesus, den schon ekelt vor dem Wort „Kosten“, schleudert die Autotür zu.
Es wird Abend. Viele kommen vorbei. Die einen machen ein Zeichen, sie führen nicht weit, was er für eine Ausrede hält. Die anderen haben sich ein Weib an ihre Seite genommen und wagen nicht, ihn zu sehen. Endlich bleibt einer stehen.
„Wohin?“
„Hinauf nach Jerusalem, zum Osterfest!“ „Steig ein! Ein Stückchen kann ich dich mitnehmen ... Du bist also Jude?“
„Jude – ja und nein. Ich bin der Sohn meines Vaters. Ist das so wichtig?“
„Patriot scheinst du keiner zu sein. Dabei seid ihr im allgemeinen solche Fanatiker!“

„Fanatiker bin ich vielleicht auch ..."
Im Weiterfahren, später, meint der Mann:
„Wieso hast du kein Geld für den Zug? Arbeitest du nichts?"
„Der Mensch lebt nicht von Brot allein", entgegnet Jesus.
Sie sehen Jerusalem, der Fahrer schwärmt: „Ist das nicht herrlich? Diese Mauern, dieser Tempel! Was muß das alles wert sein!"
„Wollen Sie es denn kaufen?"
Der Mann läßt ihn wütend aussteigen. Er bemerkt noch, es sei ohnehin ein Risiko, einen Fremden mitzunehmen, schon wegen der Schwierigkeiten im Falle eines Unfalls, und überhaupt, auch sonst, höre man so viel über verschiedene Vorfälle – wirklich, ein bißchen mehr Dankbarkeit und Freundlichkeit wäre da schon am Platz!
„Gott selbst könnte in dieser Rechenstube nicht freundlich und dankbar sein!" erwidert Jesus. Er ist entschlossen, den Rest zu Fuß zu wandern.
Er kommt zu einem Apfelbaum. In Gedanken versunken, greift er nach einer der Früchte. Die Bäuerin stürzt hervor.
„Gehört der Baum dir?"
Jesus durchschaut sie und fragt: „Gut, was kostet der Apfel?"
Sie überlegt und muß sich eingestehen, daß er so gut wie nichts kostet. Nach einer Besinnungspause keift sie: „Also, ich will gnädig sein, verschwinde, Gauner!"
„So ein kräftiger junger Mensch – und stiehlt Äpfel. Als ob er nicht arbeiten könnte!" brummt sie hinter ihm her.
Jesus kommt nach Jerusalem, sie sitzen vor den Wirtshäusern, essen, daß ihnen das Öl am Kinn herunterrinnt, trinken, werfen Gläser an Hauswände, Lachen, Geplapper, er irrt mittendrin umher. Vor Schaufenstern stehen sie und sprechen davon, wie sie dies und jenes unbedingt erwerben müßten. Jesus ist so müde und hungrig, so schwach, daß er allmählich nicht mehr begreifen kann, warum sie alle solche Gegenstände anstarren und mit soviel Lust davon sprechen, sie zu besitzen.

Warum auch? Warum! Er meidet die vollen Straßen und gelangt in jene düsteren, wo sich fette Jüdinnen anbieten: „Komm, Schatzi, hast ein wenig Geld?“
Beim Bahnhof spricht ihn ein Mann an, der ihm Quartier bietet, ohne Geld, wie er betont, seine Frau sei verreist, er sei so einsam. „Man bekommt nichts geschenkt“, brummt Jesus und trottet weiter. Der andere muß ihm gefolgt sein, denn als es schon tiefe Nacht ist und man aus den offenen Fenstern die Leute stöhnen und flüstern und schnarchen hört, steht er wieder neben Jesus. Jesus flüstert: „Du bist besessen!“ Ihm ist übel vor Mitleid mit dieser besessenen Kreatur.
Es graut der Morgen, und Jesus schleicht aus einem fremden Haus, er soll von niemandem gesehen werden. Kalter Morgenwind; er kauert lange am Fenster einer Bäckerei, wo schon gearbeitet wird und ein warmer Dunst herausdringt. Die Frau des Bäckers kommt, sagt, er solle weggehen, er stehe bei der Arbeit im Licht, aber sie scheint deswegen peinlich berührt zu sein und schenkt ihm ein Brot, das er verschlingt. Er geht zum Tempel hinauf. Noch ist es still. Er setzt sich in die Vorhalle und versinkt in Träumereien. Er kann endlich wieder frei atmen. Er träumt von einem Leben, wo einer ohne Selbstsucht lebt, als Selbst; wo man ohne Selbstsucht lebt, als große Familie, wo alles allen gehört, wo es weder Zaun noch Geld gibt.
Jäh wird er in die Gegenwart zurückgeholt, ein Fußtritt trifft ihn. „He, wach auf, du hast hier keinen Platz! Arbeite was, dann kannst du dir eine Herberge leisten, du Landstreicher!“ Alles ist wie verwandelt: Rundherum reges Leben, die Händler führen ihren Tand heran, hängen ihre Tücher auf, andere bieten kleine Abbildungen vom Tempel feil, mit einem Bild vom Hohen Priester und einem eingebauten Spielmechanismus. Viehhändler besprechen ihre Geschäfte, Luftballons, Tauben, ein Kirtag. Bevor er alles aufgenommen hat, wird Jesus an der Schulter gepackt und nach hinten gezerrt. „Geh doch weg, siehst du nicht, daß der Hohe Priester kommt?“

Josef Pöschl

1 Dann wurde Jesus vom Geist in die Wüste geführt, um vom
Teufel versucht zu werden. 2 Und als er vierzig Tage und
vierzig Nächte gefastet hatte, hungerte ihn nachher. 3 Da trat
der Versucher zu ihm und sagte: Bist du Gottes Sohn, so
gebiete, daß diese Steine Brot werden! 4 Er aber antwortete
und sprach: Es steht geschrieben:
„Nicht vom Brot allein wird der Mensch leben, sondern von
jedem Wort, das aus dem Munde Gottes hervorgeht.“
6 Darauf nimmt ihn der Teufel mit in die heilige Stadt und stellt
ihn auf die Zinne des Tempels 6 und sagt zu ihm: Bist du Gottes
Sohn, so stürze dich hinab; denn es steht geschrieben:

„Er wird seinen Engeln
deinethalben Befehl geben,
und sie werden dich
auf den Händen tragen,
damit du deinen Fuß nicht etwa
an einen Stein stoßest.“

7 Jesus sprach zu ihm: Hinwiederum steht geschrieben:
„Du sollst den Herrn, deinen Gott, nicht versuchen.“
8 Wiederum nimmt ihn der Teufel mit auf einen sehr hohen
Berg und zeigt ihm alle Reiche der Welt und ihre Herrlichkeit
9 und sagt zu ihm: Dies alles will ich dir geben, wenn du dich
niederwirfst und mich anbetest. 10 Da sagt Jesus zu ihm:
Hinweg, Satan! Denn es steht geschrieben:
„Du sollst den Herrn, deinen Gott, anbeten und ihm allein
dienen.“
11 Da verläßt ihn der Teufel; und siehe, Engel traten herzu und
dienten ihm.

Matthäus 4,1–11

4.20 Gott und dem Volk treu!

In der Gemeinde Condorpampa sind alle Leute froher Stimmung, weil der Pfarrer zu Besuch gekommen ist. „Zum ersten Mal kümmert sich einer um uns." „Mit dem Pfarrer legen wir den Grundstein zur Dorfkirche." „Eine gute Idee! Wenn wir erst eine Kapelle haben, geht es auch mit der Gemeinde voran."
„Natürlich, wenn wir uns zusammenschließen, könnten wir auch die Verbindung zur Hauptstraße bauen, und dann machen wir hier für uns einen richtigen Markt auf."
Aber da bleibt noch eine große Schwierigkeit. Niemand denkt daran, daß man erst einmal sein Leben anders einrichten muß, bevor man an ein solches Werk geht. Jeder denkt ja nur an seinen eigenen Vorteil.
Natürlich ist der Wirtshausbesitzer scharf auf die Anschlußstraße, denn damit verdient er viel mehr. Der Besitzer des Grundstückes, auf dem die kleine Kirche gebaut werden soll, malt sich schon das Fest aus, das er anrichten wird, um als der mächtigste Mann im Dorf gelten zu können. Der Verwalter träumt schon von Condorpampa als Distriktsgemeinde. Dann könnte er Bürgermeister werden.
Auch Jesus kannte die Versuchung, sich einen persönlichen Vorteil zu verschaffen. Er war gekommen, dem Volk Befreiung zu bringen. Er hätte auch eine falsche Revolution bringen können, wie jene vielen „Revolutionäre", die die Revolution mit Gewalt durchsetzen ohne Rücksicht auf das Volk und es sich gutgehen lassen.
Jesus erlag dieser Versuchung nicht. Bei seiner Taufe hatte er sich auf die Seite des einfachen Volkes gestellt. Er hatte genau gehört, was Gott, sein Vater, sprach: Nur mit dem Volk vereint und wenn er dessen Leiden und Sünden auf sich nimmt, wird er auf dem Weg der Befreiung vorangehen können. Wenn er Macht und Ansehen für sich sucht, kann die Befreiung nicht stattfinden.
Matthäus berichtet von den Versuchungen Jesu und wie dieser sie überwand:

Nach der Taufe wurde Jesus vom Heiligen Geist in die Wüste geführt, um vom Teufel versucht zu werden. Und er fastete vierzig Tage und vierzig Nächte, dann hungerte ihn.

(Matthäus 4,1f.)

Die Versuchung des bequemen Weges

Da trat der Teufel an Jesus heran und sagte: „Wenn du der Sohn Gottes bist, befiehl, daß diese Steine Brot werden."
Aber Jesus antwortete:
„In der Bibel steht: Nicht vom Brot allein lebt der Mensch, sondern von jedem Worte, das aus dem Munde Gottes kommt."

(Matthäus 4,3f.)

Jesus hätte seine Macht zu seinem Vorteil ausnutzen und das Volk begeistern können, indem er ihm zu essen gegeben und auf die Forderung verzichtet hätte, jegliche Unterdrückung von der Wurzel her zu bekämpfen.

Aber in der Wüste ließ Jahwe das Volk Hunger leiden, um dir kundzutun, daß der Mensch nicht vom Brot allein lebt. Erinnere dich seiner Wege!

(nach Deuteronomium 8,3)

Die Versuchung, eine Rolle zu spielen

Darauf nahm ihn der Teufel mit in die heilige Stadt Jerusalem, stellte ihn auf die Zinne des Tempels und sagte zu ihm:
„Wenn du wirklich der Sohn Gottes bist, dann stürze dich hinab; denn in der Bibel steht geschrieben: Seinen Engeln wird Gott befehlen, daß sie dich beschützen."
Jesus antwortete ihm:
„Es steht auch in der Bibel: Du sollst den Herrn, deinen Gott, nicht versuchen."

(Matthäus 4,5–7)

Jesus hätte Wunder wirken und damit die Leute begeistern und auf seine Seite ziehen können. Aber das war nicht der Weg in der Auseinandersetzung, die Gott seinem Volk zugedacht hatte, um aus der Unterdrückung herauszukommen.

Wandelt genau auf dem Weg, welchen Jahwe euch gebot. Ein eifernder Gott ist Jahwe, versucht ihn nicht, wie ihr ihn in der Wüste versucht habt. Halte seine Gebote, und du wirst Befreiung erlangen.

(nach Deuteronomium 5,33; 6,15–18)

Die Versuchung der Herrschaft

Der Teufel zeigte Jesus die Herrlichkeit aller Reiche der Welt und sagte zu ihm:
„Das alles werde ich dir geben, wenn du niederfällst und mich anbetest."
Da sprach Jesus zu ihm:
„Hinweg, Satan! Denn es steht geschrieben:
Den Herrn, deinen Gott, sollst du anbeten und ihm allein dienen."

(Matthäus 4,8–10)

Jesus könnte seine „Revolution" auf schlechte Weise durchsetzen, indem die Menschen weiterhin in Unterdrückung gehalten würden. Gott jedoch will keinen Umsturz, der in Versklavung mündet.

Achte darauf, daß du nicht Jahwe vergißt, der dich aus Ägypten herausgeführt hat, als du Sklave warst. Verehre den Herrn, deinen Gott, und diene ihm allein.

(nach Deuteronomium 6,12f.)

Aus: Vamos Caminando, Peru

4.21

[1]Jesus war von der Größe seiner Aufgabe so erfüllt, daß er
zunächst mit sich selbst ins Reine kommen mußte. Deshalb
zog er sich in die Wüste zurück. [2]Er fastete 40 Tage und 40
Nächte. [3]Von widersprechenden Gedanken hin- und hergeris-
sen und nun auch noch vom Hunger geplagt, wäre er beinahe
an seinem Lebensplan irre geworden:
Als erstes fragte er sich, ob es nicht nur darauf ankomme, die
Produktionsverhältnisse und damit die wirtschaftliche Lage
für alle zu bessern. [4]Aber diesen Gedanken verwarf er gleich
als Irrweg. Denn der Mensch braucht mehr als einen ausrei-
chenden Lebensstandard. Er muß vor allem einen Sinn in
seinem Leben finden.
[5.6]Bedürfte es aber, fragte er sich dann, nicht erst eines
schlagenden Beweises dafür, daß meine Vorstellungen geeig-
net sind, das Leben wirklich sinnvoll und dadurch lebenswert
zu machen, ehe ich mich auf die gewählte Richtung festlege?
[7]Aber auch diesen Einwand schlug er sich aus dem Kopf: Die
Richtigkeit eines Lebensweges läßt sich nicht im voraus
beweisen. Man muß auf sie vertrauen.
[8]Brauche ich aber, um diesen Plan für mich und andere
durchzusetzen, fragte er sich schließlich, nicht Ansehen und
Macht?[9]Dazu käme ich nur, wenn ich mich skrupellos men-
schenverachtender Methoden bediente. Das aber stünde in
krassem Gegensatz zu der von mir gewählten Lebensaufgabe,
dem Aufbau einer vertrauensvollen Solidarität der Menschen.
Denn Mittel, die dem Ziel widersprechen, machen sogar ein
gutes Ziel unglaubwürdig und bringen es so zu Fall. [10]Das ist
das Teuflische an ihnen. Deshalb darf ich mich nicht zu ihnen
verführen lassen – gerade im Blick auf mein Ziel, auf dessen
Überzeugungskraft und Erreichbarkeit ich fest vertraue.
[11]Als Jesus dies klargeworden war, schwanden die destrukti-
ven Zweifel an seiner Aufgabe, und neue konstruktive Gedan-
ken traten an ihre Stelle. *Rudolf Kautzky*

4.22

Er gab antworten wenn niemand fragte
manchmal wagten sie nicht mehr weiterzureden
nicht weil sie es nicht begriffen hätten
er nahm ihnen alles weg
was heilig war und verbürgt
nichts garantierte die wahrheit
Heilig war nicht das feuer oder das neon
nicht das singen auch nicht das schweigen
nicht der beischlaf oder die keuschheit
heilig wurden in seinen reden
die füchse der brotteig die oft geflickten netze
das kaputtgemachte war sein beweis
und genaugenommen hatte er so viel gewißheit
von siegen wie wir hierzulande

Keine

Dorothee Sölle

4.23

In seiner Jugend hatte J. nicht immer ausreichend zu essen. Eines Tages nahm ihn ein einflußreicher Mann auf eine Bergwanderung mit. Bei Betrachtung der Aussicht sagte der Einflußreiche: Du bist nicht ohne Gaben, aus dir wäre noch etwas Brauchbares zu machen. Du könntest bei mir eintreten. – Zu welchen Bedingungen? fragte J. erwartungsvoll. – Nicht so schnell, sagte der Einflußreiche. Erst müßten wir mit ein paar kleinen Tests klären, wofür du dich eignest. Siehst du die Steine dort? – Guten Abend, sagte J. und stieg den Berg wieder hinunter. – Wenn er mir einen Apfel gegeben hätte, hätte ich mit mir reden lassen, sagte J. später.

Adolf Muschg

[2]Als aber Johannes im Gefängnis von den Werken Christi
hörte, ließ er ihm durch seine Jünger sagen: [3]Bist du es, der
da kommen soll, oder sollen wir auf einen andern warten?
[4]Und Jesus antwortete und sprach zu ihnen: Gehet hin und
berichtet dem Johannes, was ihr hört und seht: [5]„Blinde
werden sehend" und Lahme gehen, Aussätzige werden rein
und Taube hören, Tote werden auferweckt und „Armen wird
die frohe Botschaft gebracht", [6]und selig ist, wer an mir
keinen Anstoß nimmt.

Matthäus 11,2–6

4.24 Blinde sehen, Besserwisser hören zu

Als sie aber die Geschichte Jesu hörten
und wie es ihm ergangen war,
da trieb sie die Frage um:
Bist du, der da kommen sollte
und mit dir das Gottesreich?
Oder sollen wir eines andern warten?
Bist du es, Jesus,
oder sollen wir das Warten bleiben lassen
und uns abfinden mit allem, wie es eben ist?

Jesus antwortete und sprach zu ihnen:
Nehmt euch zu Herzen, was ihr hört und seht.
Geht hin und sagt es anderen weiter:
Blinde sehen, Lahme gehen,
Aussätzige werden rein, Taube hören.
Die Botschaft der Gottesliebe wird weitergesagt.
Menschen horchen auf und ändern ihren Sinn.

Verstoßene Kinder finden jemand, der sie liebt,
farbige Studenten bekommen Zimmer,
deutsche und türkische Kinder dürfen zusammen spielen.
In den Familien werden abends Gespräche geführt,
Ehepartner blicken sich wieder in die Augen.
Der Leistungsdruck läßt nach,
der Konsum sinkt,
man kann atmen in den Innenstädten,
und Trabantenstädte werden wohnlich.
Auf dem Rasen dürfen Kinder spielen,
Gettos gehören der Vergangenheit an.
In Altersheimen läßt sich's leben,
Süchtige kommen los,
Depressive legen die Schlaftabletten beiseite,
Traurige lächeln,
Verhärtete können weinen,
Besserwisser hören zu,
Gleichgültige falten die Hände.
Abgeordnete vertreten die Interessen der Schwachen,
und der Gegner kommt zu Wort.
Kapital fließt in die Entwicklungsländer,
Gespräche über Frieden sind ernst gemeint
und haben spürbare Folgen.
Allen wird das Evangelium verkündigt:
die Botschaft, daß Jesu Herrschaft
die ganze Welt erneuert.

Manfred Fischer

4.25 Auftritt

Ein Herr tritt ein.
„Ich bin's", sagt er.
„Versuchen Sie es noch einmal", rufen wir.
Er tritt erneut ein.
„Hier bin ich", sagt er.
„Es ist nicht viel besser", rufen wir.
Wieder betritt er das Zimmer.
„Es handelt sich um mich", sagt er.
„Ein schlechter Anfang", rufen wir.
Er tritt wieder ein.
„Hallo", ruft er. Er winkt.
„Bitte nicht", sagen wir.
Er versucht es wieder.
„Wiederum ich", ruft er.
„Beinahe", rufen wir.
Noch einmal tritt er ein.
„Der Langerwartete", sagt er.
„Wiederholung", rufen wir, aber ach, nun haben wir zu lange gezögert, nun bleibt er draußen, will nicht mehr kommen, ist weggesprungen, wir sehen ihn nicht mehr, selbst wenn wir die Haustür öffnen und links und rechts die Straße schnell hinunterschauen.

Reinhard Lettau

4.26 Laßt uns preisen den lebenden Christus

Laßt uns Jesus loben, alle unterdrückten Völker,
denn eine Welle der Rebellion hat wie ein starker Blitz
von Süden nach Norden
den Horizont in Licht versetzt.

Laßt uns preisen den lebenden Christus,
alle die wir auf der Welt Hunger und Durst haben,
denn sein Geist der Befreiung erschüttert bereits unser
Inneres.

Laßt uns singen befreiende Lieder,
denn wir spüren im Herzen
wie einen Vulkan in Eruption seine Befreiungskraft.

Laßt uns Christus, dem Herrn der Geschichte, nachfolgen,
der für uns Partei genommen hat.
Er hat die Unterdrückung seines Volkes gesehen
und ist hernieder gekommen, um uns zu helfen,
Seite an Seite, bei unserm Kampf.

Wir danken dir, Jesus,
daß du nicht gekommen bist, um behilflich zu sein
nach der Art der Machthaber.

Du hast es verstanden, dich zu beteiligen an unserm Leid,
an unserm Kampf, indem du in allem uns ähnlich wurdest.
Wir danken dir, Jesus,
daß du immer mitwirkst, überall, wo nach Befreiung gesucht
wird.

Wo für Gerechtigkeit gekämpft wird
nehmen wir deine Anwesenheit wahr, o Herr.

Wenn die Blinden sehen und die Lahmen gehen,
wenn das Volk bewußt wird und sich auf den Weg begibt,
sehen wir darin deine Hand, o Herr.

Es ist die Kraft Christi,
die die Ketten der Unterdrückung sprengt
und die Riegel der Gefängnisse zerschlägt.
Es ist Christus selber, der mit uns kämpft,
wen sollen wir fürchten?
Gelobt sei Gott, der uns den Sieg verheißt!

In unserem täglichen Kampf für das Leben
bricht ein Morgenrot auf, das „das Jubel-Jahr des Herrn" verkündet,
bei dem es keine Unterdrücker und keine Unterdrückten mehr geben wird, sondern allein ein großes Volk von Brüdern.

Paraguay

11 Ich bin der gute Hirt; der gute Hirt gibt sein Leben hin für
die Schafe. 12 Wer Mietling und nicht Hirt ist, wem die Schafe
nicht eigen sind, der sieht den Wolf kommen und läßt die
Schafe im Stich und flieht – und der Wolf raubt sie und
zerstreut sie –; 13 denn er ist ein Mietling und bekümmert sich
nicht um die Schafe. 14 Ich bin der gute Hirt und kenne die
Meinen und die Meinen kennen mich, 15 wie der Vater mich
kennt und ich den Vater kenne. Und ich gebe mein Leben hin
für die Schafe.

Johannes 10,11–15

3 Da sagte er zu ihnen dieses Gleichnis: 4 Welcher Mensch
unter euch, der hundert Schafe hat und eins von ihnen verliert,
läßt nicht die 99 in der Wüste zurück und geht dem verlorenen
nach, bis er es findet? 5 Und wenn er es gefunden hat, legt er es
voll Freude auf seine Schultern; 6 und wenn er nach Hause
kommt, ruft er seine Freunde und seine Nachbarn zusammen
und sagt zu ihnen: Freuet euch mit mir! denn ich habe mein
Schaf gefunden, das verloren war. 7 Ich sage euch: So wird im
Himmel mehr Freude über einen Sünder, der Buße tut, als
über 99 Gerechte, die der Buße nicht bedürfen.

Lukas 15,3–7

1 *Ein Psalm Davids.*
Der Herr ist mein Hirte,
mir wird nichts mangeln.
Auf grünen Auen läßt er mich lagern,
zur Ruhstatt am Wasser führt er mich.
3 *Er stillt mein Verlangen;*
er leitet mich auf rechtem Pfade
um seines Namens willen.
4 *Und ob ich schon wanderte im finstern Tal,*
ich fürchte kein Unglück;
denn du bist bei mir,
dein Stecken und Stab, der tröstet mich.
5 *Du deckst mir den Tisch*
im Angesicht meiner Feinde;
du salbst mein Haupt mit Öl
und schenkst mir den Becher voll ein.
6 *Lauter Glück und Gnade werden mir folgen*
all meine Tage,
und ich werde in des Herrn Hause weilen
mein Leben lang.

Psalm 23

4.27 Wer ist er?

„Die Meinen kennen mich . . .“
Johannes 10,14

Der Jesus von Frau Heilmann,
das ist der Heiland, der liebe, der Hirt,
der behütet die Herzen,
der heilt, was verwundet ist.
Hoheitsvoll thront er und mild,
läßt sich huldigen, loben in Litaneien,
belohnt mit dem Himmel die Frommen.

Anders der Jesus von Mike, ihrem Sohn,
das ist ein Unruhestifter,
der will den Umsturz: Befreiung,
der führt die Rebellen an.
Der feiert seine Feste mit
Freudenmädchen, Fixern und Fantasten,
der verheißt ihnen die Erde,
Leben verspricht er, das Gelbe vom Ei.

O Jesus, du Christus, sanfter Rebell,
Hirte bist du und Lamm,
du gehst uns voran, ein Feuer, ein Traum,
Bruder Jesus, du Bräutigam,
feiere die Hochzeit
von Himmel und Erde, von Gott und den Menschen
und vergiß nicht Frau Heilmann
und ihren Sohn.

Lothar Zenetti

4.28 Apokryph

Schreibe, rief eine Stimme mitten in der Nacht
und ich erhob mich.

Schreibe, daß ich die Meinen zu sammeln
gedenke
Und meine Herschaft antreten will unter den
Menschen.

Da sah ich eine riesige Schar.
Ich sah die Heiligen, und sie schwenkten ihren
Heiligenschein.
Ich sah die Seligen, und sie schwenkten ihren
Seligenschein.
Ich sah die Christen, und sie schwenkten ihren
Taufschein.
Ich sah die reichen Christen, und sie schwenkten
einen Geldschein.

Wo sind die Meinen, sprach da der Herr.
Schreibe: Habe ich den Meinen einen
Heiligenschein gebracht
Oder habe ich ihnen das Kreuz gebracht?
Erkennt man die Meinen an ihrem Seligenschein
An ihrem Taufschein, an ihrem Geldschein
oder erkennt man sie
An meinem Kreuz?

Schreibe: Wo sind die Meinen?

Als ich diese Worte geschrieben hatte, blickte ich
auf und sah abermals eine
Große Schar, die war hundertundsechsund-
sechzigmal
Größer als die Schar der vorigen und
Jeder in der Schar trug ein Kreuz.
Einige trugen außerdem einen anerkannten
Heiligenschein
Aber sie hatten ihn über dem Kreuz vergessen.
Andere trugen einen einwandfreien
Seligenschein, einen gültigen Taufschein
Oder gar einen echten Geldschein
Aber sie hatten diese Kleinigkeiten über dem
Kreuz vergessen.

Die meisten trugen eine klaffende Wunde oder
Waren mit einem stinkenden Aussatz bedeckt.
Zuvorderst aber stand ein Missetäter, der schrie
in einem fort:
„Jesus! Gedenke meiner, wenn du in dein Reich
kommst!“

Und alle schwenkten ihr Kreuz und schrien mit
dem Missetäter:
„Jesus! Gedenke meiner, wenn du in dein Reich
kommst!“

Da erkannte ich, daß von den Missetätern
keiner seine Wunde und seinen
Aussatz vergessen konnte unter dem Kreuz.

Schreibe, befahl der Herr:

Ich habe die Meinen gesammelt und will mit
ihnen die
Herrschaft antreten unter den Menschen.

Franz Fassbind

4.29 Schafe, Gerechte und Selbstgerechte

Stellen Sie sich vor,
sagt Jesus zu den Pharisäern,
einer von Ihnen hat hundert Schafe . . .
Stellt euch vor,
einer von uns hat hundert Schafe.
Aber wer von uns hat schon hundert Schafe?
Sei's drum,
stellen wir uns einmal vor,
einer von uns hat hundert Kinder zu versorgen,
oder hundert alte Menschen zu betreuen,
oder hundert Schüler zu unterrichten,
oder hundert Studenten zu lehren,
oder hundert Arbeitern Arbeit zu besorgen,
oder hundert Arbeitslose vor seinem Büro stehen,
oder hundert Ehepaare zu beraten,
oder hundert Kollegen etwas zu sagen,
oder hundert Gäste zu bewirten,
oder auch hundert Soldaten zu kommandieren,
oder hundert Gefangene zu bewachen,
oder hundert Gerechte und Selbstgerechte,
oder hundert Ängstliche . . .
oder hundert . . .
oder . . .

Kann ja sein.

Und eins von den Schafen verläuft sich, sagt Jesus.
Was werden Sie machen . . .?
Stellt euch vor,
einer von uns verliert eins von den hundert Schafen,
oder von den hundert Kindern,
oder von den hundert alten Menschen,
oder von den hundert Schülern,
oder von den hundert Studenten,
oder von den hundert Arbeitern und Angestellten,
oder von den hundert Arbeitslosen,
oder von den hundert Ehepartnern,
oder von den hundert Kollegen,
oder von den hundert Gästen,
oder auch von den hundert Soldaten,
oder von den hundert Gefangenen,
oder von den hundert Gerechten und Selbstgerechten,
oder von den hundert Angsterfüllten,
oder von den hundert . . .
oder . . .
und einer verläuft sich nach irgendwo,
in seine Wüste vielleicht,
in seine Einsamkeit . . .

Kann ja sein.

Was werden Sie machen? fragt Jesus.
Sie werden bestimmt die neunundneunzig
allein lassen
und werden das verlorene Schaf so lange suchen,
bis sie es finden . . .
Was wird der von uns tun,
er, der einen von hundert verloren hat?
Wird er neunundneunzig zurücklassen können
auch wenn er wollte?

Wird er den Mut dazu haben,
wird er die Rechnung umkehren können,
wird er in die Wüste des einen gehen können,
oder ihn in seine Einsamkeit begleiten können,
oder in seine Hoffnungslosigkeit,
oder in seine Ausweglosigkeit,
oder in seine Gerechtigkeit,
oder in seine Selbstgerechtigkeit,
oder in seine Angst?
Wird er einen auf seinem andern Weg suchen,
wird er einen zurückbringen,
oder einen begleiten,
einen,
und die neunundneunzig zurücklassen?

Kann das sein?

Wenn Sie dann das Schaf entdeckt haben, sagt Jesus,
werden Sie sich freuen
und werden es auf der Schulter nach Hause tragen.
Und Sie werden die Freunde und Nachbarn
zusammenrufen.
Das werden Sie tun, ich weiß es.
Und Sie werden ihnen sagen: „Freut euch alle mit mir.
Ich habe mein Schaf wiedergefunden,
das ich verloren hatte."
Ich sage Ihnen, meine Herren Pharisäer,
bei Gott wird mehr Freude sein über einen Sünder
oder sagen wir über einen Selbstgerechten,
der sein Leben verändert,
als über neunundneunzig Gerechte,
die das nicht fertigbringen.

Stellt euch vor,
einer von uns findet tatsächlich einen in seiner Wüste,
oder in seiner Einsamkeit,
oder in seiner Hoffnungslosigkeit,

oder in seiner Ausweglosigkeit,
oder in seiner Gerechtigkeit,
oder in seiner Selbstgerechtigkeit,
oder in seiner Angst.
Wird das die Welt verändern?
Werden sich dann Gottes Engel freuen?

Könnte ja sein.

Und allerlei Leute,
die nicht gerade einen guten Ruf hatten,
waren von weither gekommen und hatten Jesus zugehört.
Die Pharisäer und Gesetzeslehrer
und die Gerechten und die Selbstgerechten
ärgerten sich darüber sehr und sagten:
„Er läßt sich mit dem Gesindel ein
und ißt sogar mit denen."

Und das tat er auch.

Kurt Wolff

4.30 Die zweite Rettung des Schafes

„Und eines von ihnen hatte sich verirrt . . .“ (Mt 18,12)

Das hundertste Schaf kam auf abwegige Gedanken.
Das war naheliegend.
Denn es war nicht nur das hundertste, sondern auch das letzte: Keines übersah die Masse einer solchen Herde besser, keines mußte sich so sperren und drängen, um noch in die Hürde zu kommen,
keines wußte, wie schwer es sein kann, zu einer Herde zu gehören.
Den Berg hinauf wurde es immer wieder abgehängt,
mal mußte es stehenbleiben, dann wieder einen Laufschritt einlegen,
angetrieben von den Hunden,
geschlagen vom Stock.
An die Tränke kam es meistens zu spät.
Und da kam ihm plötzlich der Gedanke: Was soll das, so eine Herde,
ich bin ja schließlich ein Individuum.
Das hatte bisher noch nie ein Schaf gedacht: daß es ein Ich haben könnte.
Und damit stand das Schaf außerhalb der Masse seiner Artgenossen.
Plötzlich lag es offen vor seinen Augen, wie eine Herde funktioniert, es entdeckte den Herrschaftsmechanismus,
durchschaute die gespielte Freundlichkeit des Hirten, die Keilereien der stärksten Tiere, das aufgeblasene Gehabe der Widder.
Das Schaf, das zum Individuum geworden war, besann sich auf die grundlegenden Schafsrechte, dachte sich eine allgemeine Schafsrechtskonvention aus und beschloß fürs erste, einmal eine Nacht draußen zu bleiben.
Aber das ging nicht lange gut.

Sein Ausbleiben wurde entdeckt.
Der Hund erriet die Spur und führte den Hirten zum verlorenen Schaf.
Dieses aber sah nicht verloren aus, zeigte sich nicht demütig, sondern begegnete herausfordernd dem Blick des Hirten.
Es stellte mit knappen Sätzen fest, es sei ein Individuum geworden.
Der Schäfer vernahm es verwundert, dann entrüstet. Schließlich hörte er zu. Er nahm das Schaf auf die Schulter und dachte den langen Weg über nach, wie es nun weitergehen solle.
Im Schafsstall wurde das verlorene Tier von ungläubigen Schafsaugen angestarrt.
Und das Schaf schaute frech zurück, es zuckte etwas in seinem Blick, etwas Neues: Das konnte nicht verborgen bleiben.
Es wurde umringt, mußte erzählen, was es entdeckt hatte, und jedes einzelne Schaf ging in sich und entdeckte unter einer dicken Kruste von Herdenbewußtsein ebenfalls etwas höchst Seltsames: ein Ich. Im selben Augenblick waren sie keine Herde mehr, keine Masse, keine Neunundneunzig oder Hundert, sondern lauter einzelne, Ich neben Ich.
Am andern Morgen blieb der Schäfer lange liegen,
denn die Schafe blökten nicht mehr laut und blöde, wie es Herdentiere tun, und als er aufwachte, begriff er die Verwandlung, die geschehen war. Er merkte, daß die Schafe zu denken begonnen hatten, sie selber sein wollten und den Schäfer nur noch ausnahmsweise brauchten.
Die Hunde waren über Nacht überflüssig geworden,
man konnte sie verkaufen oder den Kindern zum Spielen geben.
Da der Schäfer nun selbst viel freie Zeit hatte,
wurde er immer klüger,
und manchmal gab er den Schafen einen guten Rat, den sie dankbar annahmen,
manchmal sprach er auch eine Ermahnung aus, wenn sie allzu sorglos wurden.

Josef Osterwalder

4.31

Wer hütet uns auf diesem Planeten?
Meine Seele möchte sich erquicken.
Frisches Wasser wird knapp.
Das finsterste Tal
hat elektrisches Licht.
Gute Laune sendet
das Fernsehprogramm.

Die Herren von Welt
bugsieren behende
ihr Schäfchen ins Trockne,
versichern sich hoch und eilig gegen
Diebstahl, Unfall, Krankheit, Tod.
Indessen rückt näher
die Hungerfront.

Üppig wird uns der Tisch gedeckt.
So werden wir Feinde bekommen.
Wer sich voll einschenkt,
macht andern Durst.
Wer wird im Weltgericht
die Rechtsgüter wägen?
Wer wird wessen Anwalt sein?

Arnim Juhre

4.32 Zweifache Verheißung

Du wirst mir nichts ersparen,
nicht den Weg durch die Wüste,
nicht den Kampf mit dem Goliath,
nicht den Platz auf dem Aschenhaufen des Hiob,
nicht den Sitz unter dem Ginsterstrauch,
nicht das babylonische Exil –
Der Herr ist mein Hirt,
Er wird mich ins Grab bringen
und wieder heraus –
Der Herr ist mein Hirt,
nichts wird mir mangeln,
nicht die Geborgenheit in der Arche Noas,
nicht das Wohnen im Zelte des Herrn.
Der Herr ist mein Hirt,
nichts wird mir fehlen.
Alles darf mir genommen werden
außer dem Vertrauen zu Ihm.

Martin Gutl

23 Jesus aber antwortet ihnen: Die Stunde ist gekommen, daß
der Sohn des Menschen verherrlicht wird. 24 Wahrlich, wahr-
lich, ich sage euch: Wenn das Weizenkorn nicht in die Erde
fällt und erstirbt, bleibt es allein; wenn es aber erstirbt, trägt
es viel Frucht. 25 Wer sein Leben liebt, verliert es, und wer
sein Leben in dieser Welt haßt, wird es ins ewige Leben
bewahren. 26 Wenn jemand mir dient, so folge er mir nach,
und wo ich bin, da wird auch mein Diener sein. Wenn jemand
mir dient, wird der Vater ihn ehren.

Johannes 12,23–26

4.33 Auferstehung

Sie zählten dich unter die Missetäter
Sie beschlossen deinen Tod
Sie gruben dich ein

Doch es ging auf die gefährliche Saat
das unzerstörbare Leben
das brachte den Stein ins Rollen

Sie wollten dich unter die Erde bringen
aber
sie brachten dich unter die Leute

Lothar Zenetti

4.34

Jetzt mochte die Zeit angebrochen sein,
in der alle Welt Jesus kennenlernen sollte.
Alle sollten erfahren, wer er sei.
Wer hören konnte, sollte zuhören,
und wer sehen konnte, sollte sehen, sollte zusehen:
„Jetzt, von dieser Stunde an, soll für jedermann sichtbar
meine Herrlichkeit ausgebreitet werden", sagte er.
„Aber hört gut zu, von welcher Art diese Herrlichkeit ist:
Ein Korn bleibt ein Korn, wenn es nicht in die Erde fällt.
Ein einzelnes Korn bleibt es, fast ein Nichts.
Wenn es aber in der Erde stirbt und vergeht,
dann bringt es Frucht,
dann werden aus einem Korn dreißig Körner
oder sechzig Körner oder hundert Körner.
Das heißt, wer nur an sich denkt und sein Leben liebt,
der wird allein bleiben, ein Nichts wird er sein."
„Zu allen, die so leben wollen wie ich, sage ich das:
Wer in dieser Welt nicht auf sein eigenes Leben achtet,
nicht eifersüchtig darüber wacht,
daß es ihm allein gut geht,
der wird nicht allein bleiben und kein Niemand bleiben,
der wird wie ein Korn im Acker Frucht bringen."
„Wer meine Bekanntschaft machen will,
der muß bereit sein, den gleichen Weg zu gehen wie ich.
Mein Weg aber ist erstaunlich holprig und beschwerlich
und voller Überraschungen.
Wer mich kennenlernen will, der macht meine Bekanntschaft
bei reichen Zollunternehmern, bei Kranken,
bei Dirnen, bei Mühseligen und Beladenen jeder Art.
Da war ich immer zu finden,
und da sollten meine Freunde auch zu finden sein."

„Wer mir nachfolgt und meinen Weg geht,
wer nicht nur die Erfolgsstraßen abschreitet,
wer sich um die Lebenden vor ihrem Tod kümmert,
der braucht sich um das Leben nach dem Tod
keine Sorgen zu machen.“

Kurt Wolff

4.35

Zeichner: Yrrah

4.36 Der Meister

Nun, als Dunkelheit über die Erde kam, entzündete Joseph von Arimathia eine Fackel aus Fichtenholz und stieg den Hügel hinab ins Tal, denn er hatte im eigenen Hause zu tun. Und im Tal der Betrübnis sah er auf den spitzen Steinen einen Jüngling knien, der war nackt und weinte. Sein Haar war honigfarben, und sein Leib war eine weiße Blume, doch hatte er seinen Leib mit Dornen verwundet und auf sein Haar Asche gesetzt als eine Krone.
Und der Reiche sagte zu dem Jüngling, der nackt war und weinte: „Ich bin nicht verwundert, daß dein Kummer so groß ist, denn sicher war Er ein gerechter Mann."
Und der Jüngling gab die Antwort: „Nicht um Ihn weine ich, ich weine um mich selber. Auch ich habe Wasser in Wein verwandelt und heilte die Aussätzigen und gab den Blinden das Gesicht wieder. Ich bin über den Wassern gewandelt, und aus den Grabhöhlen vertrieb ich die Teufel. Ich habe die Hungrigen in der Wüste gespeist, da keine Nahrung war, und weckte die Toten aus ihren engen Häusern auf, und auf mein Gebet und vor einer großen Menge Volkes vertrocknete ein fruchtbeladener Feigenbaum. Alles, was dieser Mensch getan hat, habe auch ich getan. Und doch haben sie mich nicht gekreuzigt."

Oscar Wilde

[1] Wer hat dem geglaubt, was uns verkündet ward, und der Arm des Herrn, wem ward er offenbar? [2] Er [d. i. der Knecht des Herrn] wuchs auf vor uns wie ein Schoß, wie eine Wurzel aus dürrem Erdreich; er hatte weder Gestalt noch Schönheit, daß wir nach ihm geschaut, kein Ansehen, daß er uns gefallen hätte. [3] Verachtet war er und verlassen von Menschen, ein Mann der Schmerzen und vertraut mit Krankheit, wie einer, vor dem man das Antlitz verhüllt; so verachtet, daß er uns nichts galt. [4] Doch wahrlich, unsre Krankheiten hat er getragen und unsre Schmerzen auf sich geladen; wir aber wähnten, er sei gestraft, von Gott geschlagen und geplagt. [5] Und er war doch durchbohrt um unsrer Sünden, zerschlagen um unsrer Verschuldungen willen; die Strafe lag auf ihm zu unserem Heil, und durch seine Wunden sind wir genesen. [6] Wir alle irrten umher wie Schafe, wir gingen jeder seinen eigenen Weg; ihn aber ließ der Herr treffen unser aller Schuld. [7] Er ward mißhandelt und beugte sich und tat seinen Mund nicht auf wie ein Lamm, das zur Schlachtbank geführt wird, und wie ein Schaf, das vor seinen Scherern verstummt. [8] Aus Drangsal und Gericht ward er hinweggenommen, doch sein Geschick – wen kümmert es? Denn aus dem Lande der Lebenden ward er getilgt, ob der Sünde meines Volkes zum Tode getroffen. [9] Und man gab ihm sein Grab bei den Gottlosen und bei den Übeltätern seine Stätte, wiewohl er kein Unrecht getan und kein Trug in seinem Munde war. [10] Aber dem Herrn gefiel es, ihn mit Krankheit zu schlagen. Wenn er sein Leben zum Schuldopfer einsetzte, sollte er Nachkommen sehen und lange leben und die Sache des Herrn durch ihn glücken. [11] Um der Mühsal seiner Seele willen wird er sich satt sehen; durch seine Erkenntnis wird er, der Gerechte, mein Knecht, vielen Gerechtigkeit schaffen, und ihre Verschuldungen wird er tragen. [12] Darum soll er erben unter den Großen, und mit Starken soll er Beute teilen, dafür daß er sein Leben in den Tod dahingab und unter die Übeltäter gezählt ward, da er doch die Sünde der Vielen trug und für die Schuldigen eintrat.

Jesaja 53,1–12

4.37

In einem zerrütteten Land
wuchs er auf
empor getrieben
aus alter Wurzel
ein Sproß
der Wüste Israel
ein Schandbild
ohne einen Rest Schönheit
geschunden häßlich
nicht anschaubar
wegen der Krankheiten
und Schmerzen
im verächtlichen Umkreis
von allen gemieden

Und doch
es waren unsere Krankheiten
denen wir ausgeliefert sind
es waren unsere Schmerzen
die wir beiseite schieben
abgenommen hat er sie uns
wir sahen ihn
mitleidlos
als einen Schädling
zurecht Verstoßenen
der auf die Vollstreckung
des Todesurteils warten muß

Hinterrücks durchbohrt
und noch niedergeschlagen
da man ihn
nicht mehr ertragen konnte

die Missetaten
der Terror und die Grausamkeiten
die Untaten von uns Menschen
brachen auf ihm zusammen
Blut
das in der Welt
überall fließt
floß aus seiner Wunde

Unter verirrten Schafen
des Hirten verlustig
war sein Platz
aufgegriffen
vor den andern
kam er zur Folterung
keine Anklage
kam über seine Lippen
ein ins Verhör
geschleppter Häftling
der vor seiner Hinrichtung
wie auf der Schlachtbank
das Lamm verstummt
kein Wort zur Verteidigung
keiner trat auf
ihn zu verteidigen
man verscharrte ihn
im Gelände
bei Verbrechern
und Verrätern
und doch war er unschuldig
kein Unrecht
war von ihm begangen
kein Betrug in seinen Reden
und in seinem Herzen
preisgegeben
dem Schmerz Gottes

Im leidenden Gottesknecht
sich wiederzuerkennen
war Jesus
vor seiner Hinrichtung
beschieden

Wilhelm Gössmann

4.38 Er trug unsere Schuld

Wer glaubt dem, der am Kreuz hing?
Wer glaubt dem, den Gott auferweckte?
Wer glaubt der Rede von Gottes
Knecht?

Lange vor unserer Zeit
und fern von unserem Land
wuchs er auf.
Er war keine eindrucksvolle Gestalt
kein Olympiasieger
kein Publikumsstar
kein Machtpolitiker
von dem alle reden.
Er scheute sich nicht
ein Schwächling zu werden;
er war voll Schmerz und Traurigkeit
ausgestoßen aus den Häusern der
Bürger
verachtet wie einer von der Straße.

In Wirklichkeit war er
was wir eigentlich sind.
Die Wunden unseres Menschseins

die Zerrissenheit unserer Seele
die trug er –
er trägt sie unaufhörlich.
Der Haß der Menschen
schlägt ihm ins Gesicht.
Die Nägel der Welt
durchbohren ihn.

Kriegsknechte erhängen ihn auf Golgatha.
SS-Schergen vergasen ihn in Auschwitz.
Christen ermorden ihn –
heute – morgen – wo?

Unsere Schuld wird an ihm offenbar –
er läßt sie sich geschehen
er trägt sie
schweigend und ohne Widerspruch.
Er nimmt die Strafe auf sich
die wir verdient haben
damit wir heil werden
damit wir Frieden bekommen.

Verborgen wachsen nun
aus seinem Leiden
Früchte.
Durch ihn ruft Gott
zu neuem und lohnendem Leben.
Verzagt und schwach
oder stark und erfolgreich:
weil er sich gestellt hat
an die Seite der Entrechteten
will Gott uns brauchen
für die Gerechtigkeit
auf seiner Erde.

Richard Grunow

4.39

Herbert Falken: Christuskopf (1981)

4.40

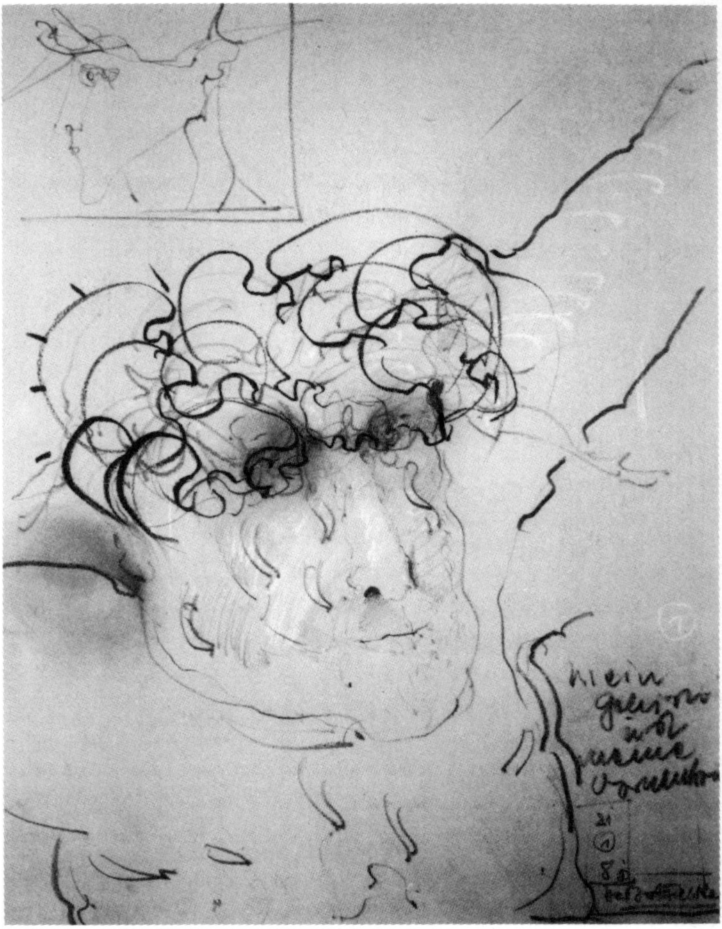

Herbert Falken: „Mein Gehirn ist meine Dornenkrone“ (1981)

4.41 Seine Kraft liegt in seiner Schwäche

Der da kommen soll, muß gezeichnet sein von allen ‚Krankheiten' der Welt. Seine Kraft liegt in seiner Schwäche; denn wenn auch gesandt –: Er ist einer von uns. Nur Gebresthaftigkeit bis in seine dunkelsten Seelentiefen hinab kann ihm *die* Glaubwürdigkeit sichern, deren er, um in den Zeiten der Dunkelheit, der Anfechtungen und des Todes geglaubt werden zu können, so dringend bedarf.

Der Messias als Anti-Christus also, als Mensch, der unerkannt verscharrt werden wird, ohne je wiederzukehren. Aber man wird der Welt anmerken, daß er dagewesen ist. Man wird, ihm zum Gedenken, eine neue Zeitrechnung einführen: die ‚Zeit nach Seiner Ankunft'. Sie wird sich jedoch in nichts von unserer Zeit unterscheiden. Allenfalls darin, daß wir endlich begreifen: Wir hätten erlöst werden können, wenn wir dazu bereit gewesen wären.

Wer richtig liest, für den allerdings ist der Messias schon lange verdorben: „Er hatte keine Gestalt noch Schöne; wir sahen ihn, aber da war keine Gestalt, die uns gefallen hätte. Er war der Allerverachtetste und Unwerteste, voller Schmerzen und Krankheit. Er war so verachtet, daß man das Angesicht vor ihm verbarg; darum haben wir ihn nicht geachtet. Fürwahr, er trug unsere Krankheit und lud sich auf unsere Schmerzen. Wir aber hielten ihn für den, der geplagt und von Gott geschlagen und gemartert wäre . . . Und man gab ihm bei Gottlosen sein Grab, und bei Reichen, da er gestorben war, wiewohl er niemand Unrecht getan hatte, noch Betrug in seinem Munde gewesen ist" (Jesaja 53).

Wolfdietrich Schnurre

Als aber der Hauptmann, der ihm gegenüber in der Nähe stand, sah, daß er auf diese Weise verschieden war, sprach er: Dieser Mensch war in Wahrheit Gottes Sohn.

Markus 15,39

4.42 Jesus am Kreuz

Allein mit einer Verheißung. Am Kreuz.
Wer glaubt ihm das wirklich:
„Selig die Armen!"
wo den Reichen nichts abgeht?
„Selig die Barmherzigen!"
wo die Rücksichtslosen siegen?
„Selig die Verfolgten!"
wo die Diktatoren triumphieren?

Die einen würfeln um den Rock.
Die andern machen sich
noch lustig über seine Worte, seine Wunder,
und was macht Er?
Er ruft nicht nach Rache –
Er verzeiht.
„Sie wissen nicht,
was sie tun."
Er verzeiht,
wo Er allen Grund
zum Verdammen hätte!

Da hat die Auferstehung
schon begonnen.

Martin Gutl

4.43 Der erste Christ der Kirchengeschichte

Ein Kerl wie Samt und Seide, Typ Curd Jürgens in seinen besten Jahren, prächtig anzusehen in seiner römischen Hauptmannsuniform und natürlich Heide. Der römische Götterkult gehörte sozusagen zur täglichen ‚Speisekarte', viel mehr als religiöser Karneval steckte allerdings nicht dahinter. Ausgerechnet er war Chef des römischen Wachkommandos, das den gekreuzigten Jesus auf Golgatha zu bewachen hatte. Der Einsatzbefehl lautete: „Ruhe und Sicherheit sind auch unter Einsatz von Gewalt zu gewährleisten".

Immerhin war ja Erstaunliches passiert: Als Jesus starb, riß der Vorhang im Tempel entzwei, die Sonne verfinsterte sich, und die Erde bebte. Aber kaum war das geschehen, machten sich schon die ersten Spaziergänger auf dem Galgenhügel breit, der Mob kaute Datteln und riß seine Witze. Stumm ritt der Hauptmann seine Runde, etwas angewidert von diesen menschlichen Kadavern und den Zoten der halbbetrunkenen Mannschaft: „Ein Scheißland ist das hier, ein Scheißwetter. In Rom scheint die Sonne, und hier ist nicht mal der verdammte Erdboden niet- und nagelfest . . ." Der Hauptmann fror. Als er während des Infernos auf den Gekreuzigten zugeritten war (bloß nicht aus den Augen lassen, siehe Einsatzorder), hatte er durch den zuckenden Blitz das Gesicht des Mannes beobachtet (dessen Name nicht mal korrekt im Protokoll angegeben war: Joshua, Jesis oder Jesus – weiß der Henker): es erschien ihm, als hätte der Tod ohne brutales Würgen zugegriffen – ein Tod, der sich schämte. Da geriet das Gottesbild des Hauptmanns ins Schwanken: der Kaisergott zu Rom, sein oberster Befehlshaber, aß von goldenen Tellern, und die Armen verreckten in der Gosse.

„Nichts als ein Gottesschauspieler, ein himmlischer Komödiant, der seine Angst in Macht ertränkt, ein gekrönter Popanz in Purpur", fuhr es dem Hauptmann durch den Kopf, „ein unmenschlicher Gott, ein göttlicher Unmensch", murmelte er gequält, seinen Blick auf die Dornenkrone Jesu gerichtet. Das Blut, das in schmalen Streifen über sein Gesicht geflossen war, erstarrte allmählich zu Rinnsalen des Schmerzes, der Geduld, der Vergebung – so was hatte er noch nie gesehen. Dagegen war die juwelenbesetzte Krone des römischen Kaisergotts nichts als ein blitzendes Requisit aus dem Fundus imperialen Staatstheaters. Wahrlich, dieser Mann am Kreuz war anders, ganz anders.

Der Offizier kramte in seinem Gedächtnis; was hatte der „König der Juden" nicht alles Unkönigliches gesagt: war da nicht etwas von grenzenloser Nächstenliebe gewesen? Von Absage an die Macht und ihren unerträglichen Verschleiß an Gerechtigkeit? Hatte er nicht vom Frieden gesprochen als von der selbstverständlichsten Sache der Welt, ohne deswegen Friedenskundgebungen zu inszenieren und Schalmeien zu blasen? Und daß in jeder Prostituierten, jedem Penner, jedem Galgenvogel genausoviel menschliche Würde versammelt ist wie in jedem Moralapostel und angepaßten Bürger?

Die Erregung des Hauptmanns war nicht mehr zu bremsen. Er warf den Helm mit den kaiserlichen Insignien auf den karstigen Boden, daß es schepperte und die Wachmannschaft erschrocken aufblickte:

„Na, Chef, Nerven verloren?" Da flüsterte der Hauptmann zum erstenmal in seiner Laufbahn; sein Arm streckte sich weit über den Pferdehals auf den Gekreuzigten zu:

„Wenn es überhaupt einen Gott gibt, dann diesen. Das ist wahr, das ist wahr!" Stummes Entsetzen griff um sich.

Ein römischer Karriereoffizier, Kerl wie Samt und Seide, wurde beim Anblick des gekreuzigten Jesus zum ersten Christen der Kirchengeschichte. Die Dornenkrone hatte es ihm angetan, das Opfer eines Unschuldigen, und das leuchtete dem Offizier mehr ein als aller Mummenschanz kaiserlicher Gottesdarsteller auf der Bühne von Macht, Gewalt und Unterdrückung. Das war die Stunde des Hauptmanns von Golgatha, eine biblische Sensation allerersten Ranges.

Siegfried Munz

4.44 Ecce Homo

Weniger als die Hoffnung auf ihn

das ist der Mensch
einarmig
immer

Nur der gekreuzigte
beide Arme
weit offen
der Hier-Bin-Ich

Hilde Domin

*5 Diese Gesinnung heget in euch, die auch in Christus Jesus
war, 6 der, als er in Gottes Gestalt war, es nicht für einen
Raub hielt, wie Gott zu sein, 7 sondern sich selbst entäußerte,
indem er Knechtsgestalt annahm und den Menschen ähnlich
wurde; und der Erscheinung nach wie ein Mensch erfunden,
8 erniedrigte er sich selbst und wurde gehorsam bis zum Tode,
ja, bis zum Tode am Kreuz. 9 Daher hat ihn auch Gott über die
Maßen erhöht und ihm den Namen geschenkt, der über jeden
Namen ist, 10 damit in dem Namen Jesu sich beuge jedes Knie
derer, die im Himmel und auf Erden und unter der Erde sind,
11 und jede Zunge bekenne, daß Jesus Christus [der] Herr ist,
zur Ehre Gottes, des Vaters.*

Philipper 2,5–11

4.45 Solidarität nach dem Beispiel Christi

5 Diese Gesinnung Jesu Christi macht Euch zu eigen:
6 Er, dem alle Möglichkeiten eines erfolgreichen Lebens offen
standen, klammerte sich nicht ängstlich daran, sie egoistisch
für sich auszuschlachten. 7 Er verzichtete auf den Erfolg für
sich selbst und solidarisierte sich mit den Gescheiterten und
Unterdrückten. 8 Er nahm alle Machtlosigkeit und alles Elend
der Menschen auf sich, sogar den Tod. Ja, er starb freiwillig
den verachteten Tod eines Verbrechers. 9 Erst durch diese
Konsequenz wurde er überzeugend. Erst dadurch wurde sein
scheinbares Scheitern zu einem wirklichen, alles überragen-
den Erfolg. 10 Nur so konnte sein Leben zur Orientierung für
das Leben und Zusammenleben aller Menschen werden.
11 Wer sich an sein Vorbild hält, kann mit Recht bekennen:
Jesus ist der Herr – nur Er führt zu einem wahrhaft geglückten
Leben!

Rudolf Kautzky

4.46

Orientiert euch daran, was im Bereich Christi gilt.
Denn er, der bei Gott war,
hielt es nicht für sein Privateigentum,
bei Gott zu sein.
Er verließ seine Heimat,
verschenkte seine Vorrechte,
wurde Sklave
und machte keinen Unterschied zwischen sich und anderen.
Er übernahm freiwillig die Selbstentfremdung,
freiwillig das Zunichte-Werden,
den Tod am Kreuz.
Daher hat Gott ihn endgültig beheimatet auf der Erde,
er hat ihm, der eine Nummer geworden war,
einen Namen gegeben, der für alle gilt,
damit auf der Erde und im Weltraum
in diesem Namen die Fremdherrschaft ein Ende hätte
und Mut aufkäme zu sagen,
daß Jesus recht hat.
Denn das ist gut für Gott.

Dorothee Sölle

4.47

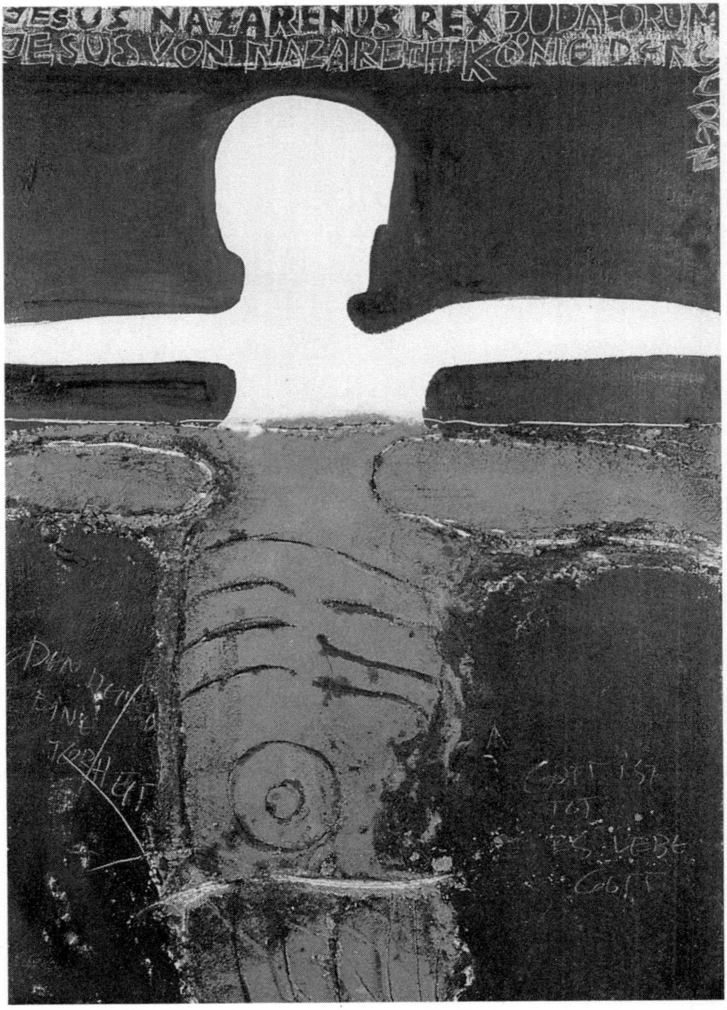

Herbert Falken: Unvollendetes Doppelkreuz (1969)

4.48

jesus
du hast alles auf den kopf gestellt
du hast die frommen
der unmenschlichkeit überführt
den tempelbetrieb
und den opferlärm
als geschäftemacherei entlarvt
du hast bei samaritanischen atheisten
eine neue gläubigkeit entdeckt
du hast dirnen und zöllnern
mehr sensibilität
nachgesagt für das reich gottes
als schriftgelehrten und hohenpriestern
du hast polizeivorschriften
bürgerliche übereinkünfte
in frage gestellt
und durchbrochen
du hast tempelgesetze links überholt
und lächerlich gemacht
wenn sie sich zu wichtig nahmen
du hast dich zu allen
an den tisch gesetzt
und alle zu dir an den tisch geladen
in dir jesus
sind gerade die negativitäten
die leerstellen
die blinden stellen des lebens
als stellen gottes sichtbar geworden

Wilhelm Willms

4.49 Lebensbeschreibung

Gott erblickte das Licht der Welt in der Nacht vom vierundzwanzigsten zum fünfundzwanzigsten Dezember.

Die Mutter Gottes wickelte Gott in Windeln. Auf einem Esel flüchtete er sodann nach Ägypten. Als seine Taten verjährt waren, kehrte er in sein Geburtsland zurück, weil er fand, daß dort der Ort sei, an welchem ein jeder am besten gedeihen könnte. Er wuchs auf im stillen und nahm zu an Alter und Wohlgefallen. Es litt ihn in der Welt. Er wurde die Freude seiner Eltern, die alles daransetzten, aus ihm einen ordentlichen Menschen zu machen.

So erlernte er nach einer kurzen Schulzeit das Zimmermannshandwerk. Dann, als seine Zeit gekommen war, legte er, sehr zum Verdruß seines Vaters, die Hände in den Schoß.

Er trat aus der Verborgenheit. Es hielt ihn nicht mehr in Nazareth. Er brach auf und verkündete, daß das Reich Gottes nahe sei.

Er wirkte auch Wunder.

Er sorgte für Unterhaltung bei Hochzeiten. Er trieb Teufel aus. Einen Schweinezüchter brachte er auf solche Art um sein Eigentum.

In Jerusalem verhinderte er eines Tages im Tempel den geregelten Geldverkehr. Ohne das Versammlungsverbot zu beachten, sprach er oft unter freiem Himmel. Aus der Langeweile der Massen gewann er einigen Zulauf. Indes predigte er meist tauben Ohren.

Wie später die Anklage sagte, versuchte er das Volk gegen die Obrigkeit aufzuwiegeln, indem er ihm vorspiegelte, er sei der ersehnte Erlöser. Andererseits war Gott kein Unmensch. Er tat keiner Fliege etwas zuleide. Niemandem vermochte er auch nur ein Haar zu krümmen.

Er war nicht menschenscheu. Unbeschadet seines ein wenig großsprecherischen Wesens war er im Grunde harmlos.

Immerhin hielten einige Gott für besser als gar nichts. Die meisten jedoch erachteten ihn für so gut wie nichts. Deshalb wurde ihm ein kurzer Prozeß gemacht. Er hatte zu seiner Verteidigung wenig vorzubringen. Wenn er sprach, sprach er nicht zur Sache. Im übrigen blieb er bei seiner Aussage, daß er der sei, der er sei. Meist aber schwieg er.

Am Karfreitag des Jahres dreißig oder neununddreißig nach der Zeitwende wurde er, in einem nicht ganz einwandfreien Verfahren, ans Kreuz gehenkt.

Er sagte noch sieben Worte.

Um drei Uhr am Nachmittag, bei sonnigem Wetter, gab er den Geist auf.

Zur gleichen Zeit wurde in Jersusalem ein Erdbeben von mittlerer Stärke verzeichnet. Es ereigneten sich geringe Sachschäden.

Peter Handke

4.50 krippenrede für die 70er jahre

also, werd nicht so
wie dieser da
in unklaren familien
verhältnissen
unterwegs geboren
na ja dafür kann
er nichts
ist keine schande
doch auch nichts
rühmliches
aber dann
als er dreißig war
hatte er
keine ausbildung
kein auskommen
keine rücklagen
keine wohnung
kein reittier
oder fahrzeug
und auch für die ehe
war er offenbar
untauglich
was blieb ihm da
übrig als über
land zu ziehen
langhaarig
schmuddelig
barfüßig

eine klicke
von fans bei sich
die ihre familien
und berufe im stich
gelassen hatten
und dann wiegelte
er das volk auf
mit doppeldeutigen
reden und
gefährlichen geschichten
in denen die staatslenker
und die geistlichkeit
die heerführer
und überhaupt alle
die was hatten
schlecht wegkamen
drei jahre hat
man den
edelgammler
aus dem
zufallsgeburtsort
bethlehem so
gewähren lassen bis
er überschnappte
und handgreiflich
wurde gegen die
börsianer und
devisenwechsler
die seit jeher
ihren angestammten

platz im tempel
hatten da war
zapfenstreich, sense,
ex
hinterlassen hat er
ein paar handbreiten
verschwitztes leinen
da war er
dreiunddreißig
im gleichen alter
wie vater der damals
schon die prokura in
henschels drahtzieherei
kriegte jetzt weißt
du bescheid und mir
soll keiner nachsagen
daß ich mich nicht
traue die wahrheit
zu sagen
auch
über diesen
da.

Josef Reding

4.51

Alfred Hrdlicka: Emmaus – Abendmahl – Ostern (1972)

4.52 jesus

1
mit einer schar von freunden (freundinnen auch)
durch galiläas dörfer und städte ziehend
hat er kranke geheilt und geschichten erzählt
von der weltleidenschaft des ewigen gottes

2
privilegien der klasse der bildung galten ihm nichts
zu seinem umgang zählten tagelöhner und zöllner
wo mangel sich zeigte an nahrung oder getränk
teilte er fische brot und wein aus für viele

3
die gewalt von gewalthabern verachtete er
gewaltlosen hat er die erde versprochen
sein thema: die zukunft gottes auf erden
das ende von menschenmacht über menschen

4
in einer patriarchalischen welt blieb er der sohn
und ein anwalt unmündiger frauen und kinder
wollten galiläer ihn gar zum könig erheben? er aber
ging hinauf nach jerusalem: direkt seinen gegnern ins garn

5
auf einem jungesel kam er geritten – kleinleute-messias:
die finger einer halbweltdame vollzogen die salbung an
ihm . . .
bald verwirrt bald euphorisch folgten ihm die freunde
die jünger
um bei seiner verhaftung ratlos unterzutauchen ins dunkel

6
über sein schweigen hin rollte der schnelle prozeß
ein afrikaner schleppte für ihn den balken zum richtplatz hinaus
stundenlang hing er am kreuz: folter mit tödlichem ausgang –
drei tage später die nicht zu erwartende wendung

7
anstatt sich verstummt zu verziehen ins bessere jenseits
brach er von neuem auf in das grausame diesseits
zum langen marsch durch die viellabyrinthe
der völker der kirchen und unserer unheilsgeschichte

8
oft wandelt uns jetzt die furcht an er könnte
sich lang schon verirrt und verlaufen haben
entmutigt verschollen für immer vielleicht – oder bricht er
noch einmal (wie einst an ostern) den bann?

9
und also erzählen wir weiter von ihm
die geschichten seiner rebellischen liebe
die uns auferwecken vom täglichen tod –
und vor uns bleibt: was möglich wär' noch

Kurt Marti

Quellennachweis

S. 17 Aus: Ders., roter faden glück. lichtblicke. Verlag Butzon & Bercker, Kevelaer [4]1982. 2.21; S. 18 Aus: Ders., geduld und revolte, die gedichte am rand. RADIUS-Verlag, Stuttgart 1984, S. 16; S. 19 Aus: Ders., Jesus-Texte. © 1972 by Verlags AG Die Arche, Zürich; S. 20 © VG Bild-Kunst, Bonn/VBK, Wien 1986; S. 21 © Wolfgang Franke, Düsseldorf; S. 24 Aus: Ders., Die wunderbare Zeitvermehrung.

Verlag J. Pfeiffer, München 1983, S. 102 f.; S. 24 H. Goldstein (Hg.), Tage zwischen Tod und Auferstehung. Patmos Verlag, Düsseldorf 1984; S. 28 © Eva Pankok, Hünxe; S. 29 Aus: Dies., Mirjam. S. Fischer Verlag, Frankfurt [5]1983, S. 144 ff.; S. 33 © Bettina Wegner, Köln; S. 34 Aus: Ders., Einmischung in innere Angelegenheiten. Quell-Verlag, Stuttgart 1980, S. 83 f.; S. 36 © Josef Reding, Dortmund; S. 37 © Paul Konrad Kurz, Gauting; S. 38 Aus: Ders., Big Sur oder die Orangen des Hieronymus Bosch. Copyright © 1958 by Rowohlt Verlag GmbH, Hamburg; S. 39 © Peter Bloch, Emmendingen; S. 39 Aus: Menschen in Gottes Hand. Neues Testament. Bd. 1. Saatkorn-Verlag, Hamburg o. J., S. 88 ff.; S. 40 Aus: Anton Grabner-Haider (Hg.), Jesus N. Benziger Verlag, Zürich 1972, S. 81–84; S. 44 Aus: Equipo Pastoral de Bambamarca, Vamos Caminando. Machen wir uns auf den Weg! Edition Exodus, Münster [3]1983, S. 184 f.; S. 47 Aus: Ders., Sein Programm. Neutestamentliche Texte – neu. RADIUS-Verlag, Stuttgart 1984; S. 48 Aus: Dies., meditationen und gebrauchstexte. Wolfgang Fietkau Verlag, Berlin [4]1982, S. 12; S. 48 Aus: Wolfgang Erk (Hg.), Warten auf ihn. Ein christliches Hausbuch für Advent, Weihnachten und Epiphanias. RADIUS-Verlag, Stuttgart 1981; S. 49 Aus: Ders., Niedergefahren zur Erde. Quell-Verlag, Stuttgart 1976, S. 104 f.; S. 51 Aus: Ders., Immer kürzer werdende Geschichten. Carl Hanser Verlag, München 1973, S. 152; S. 52 Aus: A. Reiser / P. G. Schoenborn (Hg.), Sehnsucht nach dem Fest der freien Menschen. Gebete aus Lateinamerika. Jugenddienst-Verlag, Wuppertal 1982, S. 36 f.; S. 56 Aus: Ders., Die wunderbare Zeitvermehrung, a. a. O., S. 37; S. 57 © Franz Fassbind, Adliswil; S. 59 Aus: Ders., Ein Maulbeerbaum für die Übersicht. Neukirchener Verlag, Neukirchen-Vluyn 1980, S. 101 ff.; S. 63 Aus: Ders., Von Senf- und Samenkörnern. Matthias-Grünewald-Verlag, Mainz 1977, S. 46 ff.; S. 65 © Arnim Juhre, Hamburg; S. 66 Aus: Ders., Der tanzende Hiob. Verlag Styria, Graz Wien Köln [5]1986; S. 67 Aus: Ders., Sieben Farben hat das Licht. Verlag J. Pfeiffer, München 1975, S. 237; S. 68 Aus: Ders., Ein Maulbeerbaum für die Übersicht, a. a. O., S. 183 f.; S. 69 © Harry Lammertink, Amsterdam; S. 72 Aus: Ders., Religion: das Menschenleben. Verlag Butzon & Bercker, Kevelaer 1981, S. 83–86; S. 76 © Herbert Falken, Stolberg; S. 77 © Herbert Falken. Lufthansa-Sammlung, Museum Ludwig, Köln; S. 78 Aus: Ders., Der Schattenfotograf. Aufzeichnungen. Paul List Verlag, München 1978; S. 79 Aus: Ders., Der tanzende Hiob, a. a. O.; S. 80 Aus: Ders., Sie hören die Morgenandacht, rororo 5123. Copyright © 1982 by Rowohlt Taschenbuch Verlag GmbH, Reinbek bei Hamburg; S. 82 Aus: Dies., Ich will dich. Gedichte. R. Piper & Co. Verlag, München 1970; S. 83 Aus: Ders., Sein Programm. Neutestamentliche Texte – neu, a. a. O.; S. 84 Aus: U. Seidel / D. Zils (Hg.), Aktion Gottesdienst II. Jugenddienst-Verlag, Wuppertal 1970, S. 290; S. 85 © Herbert Falken, Stolberg; S. 86 Aus: Ders., der geerdete himmel. wiederbelebungsversuche. Verlag Butzon & Bercker, Kevelaer [7]1986, 2.6; S. 87 Aus: Ders., Prosa. Gedichte. Theaterstücke, Hörspiele, Aufsätze. © Suhrkamp Verlag, Frankfurt am Main 1969; S. 89 © Josef Reding, Dortmund; S. 92 Grafik von Alfred Hrdlicka, Plötzenseer Totentanz, Tafel 6–9, 1970. Kohle auf Holz. Ev. Kirche Charlottenburg/N., Berlin. © VG Bild-Kunst, Bonn; S. 93 Aus: Ders., abendland. Hermann Luchterhand Verlag, Darmstadt 1980, S. 45 f.

Einige Quellennachweise sind trotz Bemühungen des Verlags nicht möglich. Diesbezügliche Hinweise sind an den Verlag zu richten.